IA Generativa:
la rivoluzione creativa

Come l'Intelligenza Artificiale sta trasformando la creatività, innovando i processi e ridisegnando il futuro

Di Bjorn Kristian Marklund

1

Sommario

Prefazione

Cosa significa vivere in un'epoca in cui la creatività, un tempo considerata il dono più sacro dell'umanità, è condivisa con le macchine? Dove arte, musica, letteratura e innovazione nascono non solo dalla mente umana, ma anche da un'intelligenza che impara, imita e reinterpreta? È una domanda che non solo stimola la nostra curiosità, ma che ci obbliga a guardare con occhi nuovi il rapporto tra tecnologia e identità umana. Questo libro è nato da questa domanda e dall'urgenza di esplorarne le infinite implicazioni.

Negli ultimi anni, ho avuto il privilegio di osservare l'intelligenza artificiale generativa emergere da un esperimento di laboratorio a una forza culturale e industriale globale. La sua capacità di creare non è più un'astrazione o una dimostrazione teorica. È una realtà che sta trasformando il nostro modo di lavorare, apprendere e immaginare il futuro. Ho scritto questo libro perché credo che l'IA generativa sia molto più di una tecnologia: è una lente attraverso cui possiamo vedere noi stessi e il nostro tempo con maggiore chiarezza.

Il mio interesse per l'intelligenza artificiale generativa non è nato da un'ossessione per i numeri o gli algoritmi, ma da una passione per la creatività e il potenziale umano. Ricordo il mio primo incontro con un'opera generata dall'IA: una melodia semplice, ma così insolita e originale da catturare la mia immaginazione. Mi sono chiesto: da dove viene questa "creazione"? È frutto del caso? Della programmazione? O, forse, di qualcosa di nuovo e ancora non del tutto compreso?

Da quel momento, mi è stato chiaro che l'IA generativa non era solo uno strumento per risolvere problemi. Era qualcosa di più grande: una nuova forma di linguaggio, un partner nella creatività, una piattaforma che avrebbe potuto amplificare le capacità umane in modi che non avevamo mai immaginato. Ma, come ogni tecnologia potente, essa porta con sé complessità, dilemmi e responsabilità. Questo libro è il mio tentativo di navigare in questo territorio inesplorato e di condividere con te le intuizioni, le esperienze e le riflessioni che ho raccolto lungo il cammino.

L'intelligenza artificiale generativa è ovunque. La trovi nei testi che leggiamo online, negli assistenti virtuali che rispondono alle nostre domande, nei video e nelle immagini che ci ispirano e intrattengono. Ma ciò che la rende davvero straordinaria non è solo la sua presenza, ma la sua promessa. L'IA generativa non si limita a rispondere; propone, combina e inventa. È una macchina che sogna, in un certo senso, e ci invita a sognare con lei. Questo libro esplora queste capacità straordinarie, ma non si ferma qui. Va oltre, chiedendo: cosa significa tutto questo per noi?

In queste pagine troverai un viaggio che ti porterà dalla storia delle origini dell'IA generativa fino alle sue implicazioni più profonde per il futuro. Esploreremo come questa tecnologia stia trasformando settori creativi, scientifici e industriali, e come stia ridefinendo il modo in cui pensiamo alla creatività, al lavoro e alla conoscenza. Racconteremo storie di successo, ma anche di sfide e fallimenti, perché comprendere l'IA generativa significa anche confrontarsi con i suoi limiti e le sue contraddizioni.

Non importa chi tu sia – un professionista che cerca di innovare, uno studente curioso di scoprire nuove possibilità o un artista che desidera superare i propri confini – questo libro è stato scritto per te. È una guida pratica, ma anche una riflessione profonda su come l'IA generativa possa essere uno strumento per il progresso umano. È una mappa per navigare in un paesaggio tecnologico in rapida evoluzione, ma è anche un invito a partecipare attivamente alla sua creazione.

C'è una frase che amo ripetere: *la tecnologia è neutrale solo finché non la usiamo.* Ogni applicazione, ogni scelta che facciamo nel modo in cui usiamo l'IA generativa, modella il suo impatto sulla società e su di noi. Questo libro non è solo un'esplorazione di ciò che essa può fare, ma una chiamata a riflettere su ciò che vogliamo che faccia.

E allora, caro lettore, ti invito a iniziare questo viaggio con una mente aperta e con l'entusiasmo di un esploratore. Non si tratta solo di comprendere una tecnologia, ma di immaginare il futuro insieme. Un futuro in cui l'intelligenza artificiale generativa non sarà solo un'innovazione, ma uno specchio delle nostre aspirazioni più profonde e una piattaforma per il nostro potenziale più grande.

Il futuro è davanti a noi. È un terreno fertile, pieno di possibilità, ma anche di responsabilità. Che tipo di mondo costruiremo con questa tecnologia? Che ruolo giocheremo, come individui e come società? Questo libro non offre risposte definitive, ma apre porte, solleva domande e invita alla riflessione.

La rivoluzione dell'IA generativa non è una destinazione, ma un viaggio. E insieme, siamo solo all'inizio.

Capitolo 1

Un nuovo mondo creativo: introduzione all'intelligenza artificiale generativa

Origini dell'intelligenza artificiale generativa

Nel 1950, Alan Turing, genio visionario e pioniere dell'informatica, formulò una domanda destinata a riecheggiare nei decenni successivi: "Le macchine possono pensare?". Con questa semplice frase, Turing non solo aprì un dibattito filosofico, ma gettò le basi per un campo di ricerca che avrebbe sfidato i confini della conoscenza umana. La sua intuizione, paragonabile a un ponte tra razionalità matematica e aspirazione creativa, segnò l'inizio di un viaggio straordinario verso un futuro dove le macchine non si limitano a calcolare, ma immaginano.

Nei laboratori degli anni Cinquanta, enormi calcolatori occupavano intere stanze e gli scienziati erano ancora lontani dal concepire l'idea di macchine creative. Tuttavia, una nuova disciplina prendeva forma: l'intelligenza artificiale. Gli obiettivi di quei primi ricercatori erano ambiziosi, ma ancora confinati al dominio della logica: potevano le macchine risolvere problemi complessi? Simulare il ragionamento umano? L'idea che potessero creare – dare forma a qualcosa di radicalmente nuovo – sembrava quasi sacrilega, confinata al regno della fantasia. Eppure, proprio in quegli anni, si piantavano i semi dell'intelligenza artificiale generativa.

Il lavoro dei pionieri di quel periodo si concentrava su problemi ben definiti: far giocare una macchina a scacchi, farle risolvere equazioni matematiche, automatizzare compiti ripetitivi. Era come insegnare a un bambino le regole del mondo circostante, un passo alla volta. Ma accanto a questi approcci pragmatici, alcuni visionari cominciarono a sognare un'IA che andasse oltre: non solo imitare, ma innovare. Se una macchina poteva risolvere un problema, perché non poteva inventare una soluzione mai tentata prima?

Negli anni Sessanta, il lavoro teorico si trasformò gradualmente in applicazioni pratiche. I progressi tecnologici permisero lo sviluppo di programmi più sofisticati, e alcune domande iniziarono a trovare risposte concrete. Uno degli sviluppi fondamentali fu l'introduzione delle reti neurali artificiali, un'innovazione ispirata alla struttura del cervello umano. Queste reti rivoluzionarono il modo in cui le macchine potevano apprendere dai dati, trasformandole da semplici esecutrici di istruzioni a sistemi capaci di adattarsi. L'IA smetteva di essere un "calcolatore avanzato" per iniziare a somigliare a un organismo in grado di crescere, migliorare e, forse un giorno, creare.

I primi esperimenti con le reti neurali furono grezzi, quasi primitivi, ma contenevano una scintilla di magia. L'apprendimento supervisionato permetteva alle macchine di interpretare enormi quantità di dati e trarne schemi utili. Anche se la potenza computazionale e i dataset disponibili all'epoca erano limitati, i risultati iniziali suggerivano un potenziale immenso. Era come osservare i primi balbettii di un linguaggio che avrebbe in seguito dato vita a poesie, romanzi e immagini mozzafiato.

Gli anni Settanta e Ottanta portarono ulteriori progressi. Grazie a una maggiore potenza di calcolo e a modelli matematici più raffinati, l'IA iniziò a intraprendere i suoi primi tentativi di generazione creativa. Pensiamo agli algoritmi generativi sperimentati nella musica: melodie semplici, spesso ripetitive, ma del tutto originali. Questi esperimenti rappresentavano un punto di svolta. Non erano più solo operazioni logiche; erano produzioni autentiche, frutto di un processo che combinava dati e apprendimento per generare qualcosa di nuovo.

Ma la vera rivoluzione sarebbe arrivata decenni dopo, quando l'IA generativa sarebbe passata dall'essere una curiosità accademica a un motore di innovazione per l'intera società. La domanda di Turing – "Le macchine possono pensare?" – si era trasformata in una nuova sfida: "Le macchine possono immaginare?". La risposta stava iniziando a delinearsi, ma il percorso era ancora agli inizi.

Da questi primi passi pionieristici, si sviluppò una fase successiva che avrebbe portato l'IA verso una dimensione ancora più ambiziosa: la sperimentazione creativa. Un campo che non solo avrebbe ridefinito il ruolo delle macchine nella nostra cultura, ma anche messo in discussione il significato stesso di creatività.

Come funziona l'IA generativa

L'Intelligenza Artificiale Generativa funziona come una complessa orchestra matematica, dove ogni elemento collabora per produrre qualcosa di nuovo, qualcosa che non esisteva prima. Il suo cuore pulsante sono le reti neurali, strutture ispirate alla complessità del cervello umano. Pensate a queste reti come a un insieme di strati di "neuroni" virtuali che comunicano tra loro. Ogni strato si occupa di un compito specifico: il primo può analizzare una caratteristica semplice, come il colore di un'immagine, mentre il successivo si concentra su dettagli più complessi, come forme e schemi. Attraverso questa stratificazione, la rete impara gradualmente a "comprendere" ciò che sta analizzando, proprio come il cervello umano apprende attraverso l'esperienza.

Ma ciò che rende l'IA generativa speciale non è solo la capacità di riconoscere, bensì di creare. Ad esempio, un modello di linguaggio come GPT (Generative Pre-trained Transformer) apprende da enormi quantità di dati testuali, analizzando miliardi di parole per comprendere la struttura del linguaggio umano.

Durante il pre-addestramento, il modello impara a riconoscere come le parole si connettono tra loro, sviluppando una sorta di intuizione linguistica statistica. Una volta addestrato, è in grado di generare nuovi testi: se gli chiedete di scrivere una poesia, non cercherà semplicemente nei dati esistenti, ma utilizzerà le sue conoscenze per combinare idee e stili, creando un componimento originale.

Lo stesso principio si applica agli algoritmi generativi per immagini, come DALL-E e Stable Diffusion. Questi modelli funzionano traducendo il linguaggio in arte visiva. Ad esempio, se si fornisce un prompt come "un panda che dipinge su una spiaggia al tramonto", l'algoritmo analizza il testo, identifica i concetti chiave e li utilizza per generare un'immagine unica, mai vista prima. È un processo che combina sofisticate tecniche matematiche e l'analisi di enormi dataset di immagini, affinché la macchina possa intuire come trasformare idee astratte in dettagli visivi concreti.

Tutto ciò, tuttavia, dipende dalla qualità e dalla quantità dei dati utilizzati. Più un modello ha accesso a dataset ricchi e diversificati, più diventa capace di creare risultati raffinati. Se i dati fossero limitati o distorti, il modello potrebbe produrre risultati inaccurati o influenzati da pregiudizi. Per questo motivo, i ricercatori dedicano enorme attenzione alla selezione dei dati, cercando di rendere i modelli il più inclusivi e imparziali possibile.

L'IA generativa, per quanto sorprendente, ha dei limiti. La sua creatività si basa su schemi statistici: quando genera un testo o un'immagine, non "capisce" realmente il significato di ciò che sta producendo, ma utilizza regole matematiche per costruire qualcosa che sia coerente. Ciò comporta rischi: i contenuti generati possono talvolta essere fuorvianti, eticamente discutibili o semplicemente inappropriati. Eppure, il potenziale di questa tecnologia è immenso, soprattutto se utilizzata come supporto per la creatività umana, piuttosto che come suo sostituto.

Le statistiche recenti confermano la rapida adozione dell'IA generativa. Un sondaggio di Deloitte nel 2024 ha rivelato che il 55% delle aziende ha già implementato soluzioni di IA generativa, mentre il 37% prevede di farlo entro due anni. In Italia, il mercato dell'IA ha raggiunto 760 milioni di euro, con la Generative AI che rappresenta il 5% del totale. Tuttavia, solo il 18% delle PMI italiane ha intrapreso progetti legati all'IA, evidenziando un divario significativo rispetto alle grandi imprese. A livello globale, si stima che il mercato dell'IA generativa crescerà a un tasso annuale del 34% fino al 2030, trainato dalla domanda di contenuti personalizzati e dall'automazione dei processi creativi.

Questi dati sottolineano come l'IA generativa stia rapidamente diventando un pilastro tecnologico. Non è solo uno strumento per facilitare il lavoro, ma una forza trasformativa che sfida i confini di ciò che riteniamo possibile, combinando il potenziale delle macchine con l'immaginazione umana.

Panoramica degli ambiti di utilizzo

L'IA generativa sta rivoluzionando numerosi settori, offrendo soluzioni innovative e migliorando l'efficienza operativa. Nel campo della scrittura, modelli come GPT-4 sono utilizzati per generare articoli, descrizioni di prodotti e persino sceneggiature. Secondo un rapporto di Deloitte del 2024, il 55% delle aziende ha già implementato soluzioni di IA generativa, mentre il 37% prevede di farlo entro i prossimi due anni. Questo indica una crescente adozione della tecnologia per automatizzare la creazione di contenuti e migliorare l'efficienza operativa.

Nel mondo visivo, l'IA generativa ha trovato un posto d'onore nei settori dell'arte e del design. Artisti e designer utilizzano strumenti come DALL-E per creare opere straordinarie partendo da semplici descrizioni testuali. Questa tecnologia democratizza l'arte, permettendo a chiunque di realizzare progetti visivi senza bisogno di particolari abilità tecniche. Nel design industriale, l'IA generativa viene utilizzata per sviluppare prototipi di prodotti e progettazioni innovative, integrando velocità e precisione in processi che prima richiedevano settimane o mesi.

Nel settore musicale, algoritmi avanzati come AIVA (Artificial Intelligence Virtual Artist) sono in grado di comporre brani originali per colonne sonore, videogiochi e progetti multimediali. Questa tecnologia offre spunti creativi o addirittura brani completi su misura per specifiche esigenze. L'IA può anche essere utilizzata per personalizzare la musica in base ai gusti dell'ascoltatore, creando playlist uniche o adattando le composizioni a stati d'animo specifici.

Il cinema e l'industria dell'intrattenimento stanno esplorando l'IA generativa per la scrittura di sceneggiature, la creazione di effetti speciali e persino per la generazione di volti e ambienti digitali. Strumenti di deepfake vengono usati per migliorare le performance degli attori, rendendo le rappresentazioni sullo schermo più realistiche e immersive. Inoltre, le piattaforme di streaming sfruttano modelli generativi per personalizzare l'esperienza degli spettatori, suggerendo contenuti sempre più accurati basati sulle loro preferenze.

Al di fuori delle arti, l'IA generativa sta rivoluzionando anche settori più tradizionali, come l'educazione e la medicina. Nelle aule, questa tecnologia viene utilizzata per creare materiali didattici personalizzati, adattati ai bisogni specifici di ciascun studente. I docenti possono progettare corsi con l'aiuto dell'IA, rendendo l'insegnamento più accessibile e interattivo. In medicina, viene impiegata per simulare scenari complessi, supportare i medici nella diagnosi e generare report personalizzati per i pazienti.

Anche il marketing e la pubblicità stanno abbracciando le potenzialità dell'IA generativa. Le campagne pubblicitarie basate su questa tecnologia possono creare contenuti visivi e testuali unici, progettati per catturare l'attenzione di specifici segmenti di pubblico. Grazie a modelli come quelli utilizzati da piattaforme di automazione del marketing, è possibile testare vari messaggi pubblicitari e scegliere quello più efficace, riducendo drasticamente i tempi e i costi di produzione.

Il denominatore comune in tutti questi ambiti è la capacità dell'IA generativa di adattarsi alle esigenze specifiche di ciascun settore, ridefinendo cosa significa creare e innovare. Non si tratta solo di una tecnologia, ma di un catalizzatore che sta ridefinendo i confini del possibile in ogni aspetto della vita moderna. Tuttavia, come vedremo nei prossimi capitoli, questa potenza non è priva di rischi e responsabilità, richiedendo un uso consapevole e orientato al bene comune.

Sfide tecnologiche e prospettive future

L'IA generativa ha compiuto progressi significativi, ma affronta ancora sfide tecnologiche e offre prospettive future promettenti. Una delle principali difficoltà riguarda le risorse computazionali necessarie per addestrare modelli avanzati. Secondo un rapporto del 2024, l'addestramento di modelli di grandi dimensioni richiede un consumo energetico elevato, sollevando preoccupazioni sulla sostenibilità ambientale. Per affrontare questo problema, le aziende stanno investendo in hardware più efficiente e in algoritmi ottimizzati per ridurre l'impatto energetico.

Un'altra sfida significativa è rappresentata dai bias presenti nei dati di addestramento. Poiché i modelli apprendono da vasti dataset, possono involontariamente incorporare pregiudizi esistenti, influenzando negativamente le decisioni basate sull'IA. Per mitigare questo rischio, è fondamentale implementare pratiche di raccolta dati più inclusive e sviluppare tecniche per identificare ed eliminare i bias nei modelli.

La trasparenza e l'interpretabilità dei modelli di IA generativa sono ulteriori aree di interesse. Molti sistemi operano come "scatole nere", rendendo difficile comprendere come vengono prese le decisioni. Questo solleva questioni di fiducia e responsabilità, specialmente in settori critici come la sanità e la finanza. Gli sforzi attuali si concentrano sullo sviluppo di modelli più interpretabili e sulla creazione di standard per garantire la trasparenza.

Guardando al futuro, l'IA generativa offre opportunità entusiasmanti. Si prevede che l'integrazione con altre tecnologie emergenti, come la realtà aumentata e la blockchain, possa portare a innovazioni significative in vari settori. Ad esempio, nel campo della medicina, essa potrebbe accelerare la scoperta di nuovi farmaci, mentre nel design potrebbe rivoluzionare la creazione di prodotti personalizzati.

Tuttavia, è essenziale affrontare le sfide etiche e regolamentari associate all'IA generativa. La creazione di contenuti falsi o deepfake rappresenta una minaccia per la società. Pertanto, è necessario sviluppare linee guida etiche e implementare regolamentazioni appropriate per garantire un uso responsabile della tecnologia.

Conclusione

Il primo capitolo ha offerto una panoramica introduttiva sull'Intelligenza artificiale generativa, partendo dalle sue origini e giungendo fino al suo funzionamento, alle applicazioni e alle sfide tecnologiche. Abbiamo esplorato come questa tecnologia sia passata dall'essere un concetto teorico a un modello generativo capace di trasformare la creatività, la comunicazione e la produzione in molteplici ambiti. I meccanismi che rendono possibile la generazione di contenuti originali, come le reti neurali e il deep learning, sono stati spiegati in modo accessibile, mettendo in luce la straordinaria capacità di apprendimento e creazione di questi modelli.

Sono stati anche presentati i principali ambiti di utilizzo, dai contenuti testuali e visivi alla musica, dal design industriale all'educazione e alla medicina, evidenziando come questa tecnologia abbia trovato applicazione in quasi ogni aspetto della società moderna. Infine, abbiamo affrontato le sfide tecnologiche e le prospettive future, come la sostenibilità energetica, il bias nei dati e la trasparenza dei modelli, sottolineando il bisogno di uno sviluppo responsabile e inclusivo.

Con questa introduzione, il lettore ha acquisito un quadro chiaro delle potenzialità e delle complessità dell'ia generativa. Il capitolo successivo porterà questa discussione a un livello più specifico, esplorando le sue applicazioni nei settori creativi. Dalla collaborazione tra artisti e modelli generativi alla produzione di musica e immagini innovative, vedremo come questa tecnologia stia ridefinendo il significato stesso di creatività e ampliando i confini dell'immaginazione umana.

Capitolo 2

Applicazioni dell'IA generativa nei settori creativi

L'IA come strumento per artisti e designer

Immagina un artista che, davanti a una tela bianca, cerca ispirazione per una nuova opera. Ora, immagina che accanto a lui ci sia un assistente virtuale, un'intelligenza artificiale capace di suggerire combinazioni cromatiche, proporre forme innovative o persino generare bozze preliminari. Questa scena, che potrebbe sembrare fantascienza, è oggi una realtà concreta nel mondo dell'arte e del design. L'IA generativa sta ridefinendo il processo creativo, trasformando strumenti digitali in veri e propri collaboratori capaci di potenziare la visione artistica.

Un esempio lampante di questa collaborazione è rappresentato da Refik Anadol, un artista turco che utilizza l'intelligenza artificiale per trasformare dati in spettacolari opere visive. La sua installazione "Unsupervised — Machine Hallucinations — MoMA" è stata esposta al MoMA di New York, attirando migliaia di visitatori. Anadol ha elaborato dati provenienti dalle collezioni del museo, traducendoli in movimenti dinamici e colori vibranti che danno nuova vita al concetto di archiviazione museale. Questa forma d'arte non sarebbe stata possibile senza la capacità computazionale e creativa dell'IA, che ha elaborato miliardi di informazioni in una frazione del tempo che un essere umano avrebbe richiesto. Questo non solo illustra le capacità straordinarie dell'IA, ma ridefinisce anche il ruolo dell'artista come curatore e orchestratore di una collaborazione uomo-macchina.

Nel design, l'IA generativa ha dimostrato di poter affrontare sfide progettuali complesse, esplorando migliaia di possibilità in tempi record.

Aziende leader come Autodesk hanno sviluppato software che utilizzano algoritmi di generative design per ottimizzare forme, materiali e funzionalità in modo simultaneo. Pensiamo a un progettista che deve creare una sedia ergonomica: grazie all'IA, può generare decine di prototipi virtuali, testandone la stabilità, la comodità e persino l'estetica, prima ancora di passare alla produzione fisica. Questi strumenti non solo accelerano il processo creativo, ma offrono soluzioni innovative che spesso superano le intuizioni umane.

Ma l'IA non si limita a migliorare i processi tradizionali. Sta anche democratizzando l'accesso alla creatività. Artisti dilettanti e appassionati possono utilizzare strumenti come DALL-E o MidJourney per creare immagini di qualità professionale, pur non avendo competenze tecniche avanzate. Questo accesso senza precedenti permette a milioni di persone di sperimentare la gioia della creazione, alimentando una nuova ondata di contenuti digitali che spaziano dal personale al commerciale.

Nel 2023, un sondaggio di Adobe ha rilevato che oltre il 60% dei creativi professionisti ha integrato strumenti basati sull'intelligenza artificiale nei propri flussi di lavoro, con un aumento del 25% rispetto all'anno precedente. Tra i settori che guidano questa adozione ci sono il design grafico, il branding e il web design, dove l'IA sta diventando una componente essenziale per soddisfare la crescente domanda di personalizzazione e velocità. Ad esempio, i brand utilizzano sistemi di IA per generare contenuti su misura per i loro clienti, creando campagne pubblicitarie in pochi minuti che un tempo richiedevano settimane di lavoro.

Allo stesso tempo, l'espansione dell'IA nei campi creativi solleva domande complesse. Chi è l'autore di un'opera generata dall'IA? L'artista che fornisce il prompt, il team che ha sviluppato l'algoritmo o l'algoritmo stesso? Questi interrogativi non sono solo filosofici, ma stanno già avendo implicazioni pratiche nel mondo dei diritti d'autore. Nel 2024, un caso controverso ha visto un tribunale stabilire che un'immagine generata da un modello IA non poteva essere protetta da copyright, in quanto mancava un contributo umano sostanziale. Questo esempio sottolinea quanto sia necessario riconsiderare i parametri di creatività e originalità nell'era dell'intelligenza artificiale.

Ma nonostante le sfide legali ed etiche, il potenziale dell'IA generativa rimane straordinario. La collaborazione tra artisti e tecnologia sta aprendo nuovi orizzonti, trasformando processi tradizionali in opportunità di innovazione. Oggi, l'IA non è più un semplice strumento tecnico: è diventata un partner creativo, capace di amplificare la visione umana e di spingere i confini della nostra immaginazione.

Musica generativa e composizione

Immagina di accendere la radio e ascoltare una melodia che sembra un mix perfetto tra Beethoven e una colonna sonora futuristica. Ora immagina di scoprire che quella composizione è stata interamente creata da un'intelligenza artificiale. Questo è il potere della musica generativa, una fusione tra la creatività umana e la capacità computazionale delle macchine. L'IA generativa sta cambiando il modo in cui concepiamo la musica, aprendo orizzonti creativi senza precedenti.

Uno dei protagonisti di questa rivoluzione è AIVA (Artificial Intelligence Virtual Artist), un sistema progettato per comporre brani originali. AIVA è stata addestrata su un vasto repertorio di musica classica, dalle sinfonie di Mozart ai preludi di Debussy, e utilizza questa conoscenza per creare pezzi che sembrano usciti dalla mente di un maestro umano. Nel 2023, AIVA ha collaborato con il compositore Benoît Carré per produrre un album che combina orchestrazioni tradizionali e sonorità contemporanee. Il risultato è stato descritto dalla critica come "un esempio perfetto di dialogo tra uomo e macchina", dimostrando come l'IA possa integrarsi armoniosamente con il talento umano.

Ma la musica generativa non si limita alla musica classica. Nel pop e nella musica elettronica, l'IA sta diventando una forza creativa a sé stante. Artisti come Taryn Southern hanno sperimentato con strumenti di intelligenza artificiale per co-creare brani musicali che esplorano nuove sonorità. Il suo album *I AM AI*, pubblicato nel 2018, ha rappresentato una pietra miliare nella storia della musica, essendo uno dei primi interamente prodotto con il supporto di sistemi generativi. Taryn ha descritto l'esperienza come "un viaggio collaborativo in un territorio musicale inesplorato", sottolineando come l'IA abbia ampliato le sue possibilità creative, piuttosto che limitarle.

Le applicazioni dell'IA generativa nella musica vanno ben oltre la composizione. In ambito commerciale, la tecnologia viene utilizzata per creare colonne sonore personalizzate per film, videogiochi e persino esperienze immersive. Spotify, ad esempio, sta investendo in strumenti basati sull'IA per generare playlist personalizzate che si adattano al gusto musicale e all'umore degli ascoltatori. Questo tipo di innovazione non solo migliora l'esperienza dell'utente, ma permette anche agli artisti di raggiungere nuovi pubblici attraverso algoritmi ottimizzati.

Secondo un'indagine condotta nel 2023, il 60% dei musicisti professionisti utilizza già strumenti di intelligenza artificiale nei propri flussi di lavoro. Questa percentuale è in costante crescita, trainata dalla disponibilità di software come Amper Music e Jukedeck, che consentono di creare brani originali con pochi clic. Questi strumenti non sono riservati ai professionisti: anche musicisti dilettanti possono accedere a tecnologie avanzate, abbattendo le barriere tradizionali che separano i creatori occasionali dai compositori affermati.

Il mondo della musica generativa, però, non è privo di controversie. Il dibattito sui diritti d'autore è particolarmente acceso: chi detiene la proprietà intellettuale di un brano creato da un algoritmo? Nel 2024, un caso giudiziario negli Stati Uniti ha stabilito che un'opera musicale generata interamente da una macchina non può essere protetta da copyright, sollevando interrogativi su come bilanciare i diritti degli artisti e le implicazioni tecnologiche. Questo tema non riguarda solo gli aspetti legali, ma tocca anche questioni filosofiche: possiamo considerare arte ciò che viene creato da un'intelligenza artificiale?

Un altro aspetto interessante è l'impatto della musica generativa sull'esperienza degli ascoltatori. In uno studio del 2024 condotto da MIDiA Research, si è scoperto che il 72% degli ascoltatori non è in grado di distinguere tra una melodia composta da un essere umano e una creata da un'IA, a meno che non vengano informati in anticipo. Questo dato evidenzia come la tecnologia stia raggiungendo livelli di raffinatezza tali da sfumare i confini tra il naturale e l'artificiale.

Allo stesso tempo, la musica generativa sta diventando uno strumento potente per l'educazione e la terapia. In alcune scuole di musica, gli studenti usano sistemi di IA per studiare la teoria musicale in modo interattivo, componendo brani e ricevendo feedback immediato. In ambito terapeutico, le applicazioni dell'IA stanno aiutando le persone a rilassarsi, migliorare la concentrazione o gestire l'ansia, grazie a melodie personalizzate generate in tempo reale.

La musica generativa è quindi un campo in rapida evoluzione, che sta trasformando non solo il modo in cui la musica viene creata, ma anche come viene ascoltata, distribuita e percepita. Per molti, rappresenta un'opportunità per esplorare nuove dimensioni artistiche, mentre per altri pone sfide complesse, dal riconoscimento dell'originalità alla protezione dei diritti. Qualunque sia il punto di vista, è chiaro che la musica generativa non è solo una moda passeggera, ma un capitolo fondamentale nel futuro dell'arte sonora.

Cinema e storytelling generato dall'IA

Immagina di sederti in una sala cinematografica, le luci si abbassano e sullo schermo appare un film che sembra uscito dalla mente di un regista visionario. Ma c'è una sorpresa: la sceneggiatura, la regia e persino la colonna sonora sono stati creati da un'intelligenza artificiale. Questa non è una scena di un film di fantascienza, ma una realtà emergente nel mondo del cinema e dello storytelling.

L'intelligenza artificiale generativa sta rivoluzionando il modo in cui raccontiamo storie, offrendo strumenti innovativi che amplificano la creatività umana. Un esempio emblematico è "The Frost", un cortometraggio di 12 minuti in cui ogni inquadratura è stata generata da un'IA. Questo film ha suscitato grande interesse per la sua estetica unica e per le implicazioni che porta nel campo della produzione cinematografica.

Nel 2023, il 33% delle organizzazioni ha dichiarato di utilizzare regolarmente l'IA generativa in almeno una funzione aziendale, evidenziando una crescente adozione di queste tecnologie. Nel settore cinematografico, l'IA viene impiegata per generare sceneggiature, creare effetti visivi e persino per il casting virtuale. Ad esempio, alcune case di produzione utilizzano algoritmi per analizzare le preferenze del pubblico e prevedere quali trame o generi potrebbero avere maggior successo al botteghino.

Tuttavia, l'integrazione dell'IA nel processo creativo solleva anche questioni etiche e legali. Chi detiene i diritti d'autore di un'opera generata dall'IA? E come si definisce l'originalità in un contesto in cui una macchina può creare contenuti autonomamente? Questi interrogativi sono al centro di dibattiti accesi nel mondo dell'arte e della cultura.

Nonostante le sfide, l'IA offre opportunità senza precedenti per la personalizzazione delle storie. Immagina un film che si adatta in tempo reale alle reazioni emotive dello spettatore, modificando la trama o l'atmosfera in base alle sue preferenze. Questa interattività potrebbe trasformare l'esperienza cinematografica, rendendola più immersiva e coinvolgente.

Inoltre, l'IA sta democratizzando l'accesso alla produzione cinematografica. Strumenti basati sull'intelligenza artificiale permettono a creatori indipendenti di realizzare effetti speciali di alta qualità o di generare ambientazioni virtuali senza disporre di budget milionari. Questo potrebbe portare a una maggiore diversità di contenuti e a una rappresentazione più inclusiva nel mondo del cinema.

Secondo un rapporto del 2023, l'adozione dell'IA generativa è in costante crescita, con un aumento significativo degli investimenti nel settore. Questo trend indica una fiducia crescente nelle potenzialità dell'IA come strumento creativo e produttivo.

Tuttavia, è fondamentale mantenere un equilibrio tra l'uso dell'IA e la preservazione dell'elemento umano nella narrazione. La tecnologia può offrire strumenti potenti, ma la sensibilità, l'empatia e l'esperienza umana rimangono insostituibili nel raccontare storie che toccano il cuore del pubblico.

L'intelligenza artificiale generativa sta aprendo nuove frontiere nel cinema e nello storytelling, offrendo opportunità straordinarie ma anche sfide complesse. Il futuro della narrazione sarà probabilmente caratterizzato da una collaborazione sempre più stretta tra uomo e macchina, in cui l'IA amplifica la creatività umana senza sostituirla.

Moda e design di prodotto

Il mondo della moda e del design industriale è sempre stato sinonimo di creatività, innovazione e attenzione ai dettagli. Negli ultimi anni, l'IA generativa ha introdotto un nuovo livello di possibilità in questi settori, permettendo a designer e aziende di creare prodotti personalizzati, efficienti e spesso sorprendenti. Immagina un capo di abbigliamento progettato per adattarsi perfettamente alla tua silhouette o un prototipo di prodotto industriale ottimizzato per resistere a stress esterni. Queste innovazioni, una volta frutto di processi lunghi e complessi, possono ora essere realizzate in poche ore grazie all'IA generativa.

Nel mondo della moda, piattaforme come *Revery AI* e *Cala* stanno trasformando il modo in cui i designer lavorano. Questi strumenti utilizzano l'intelligenza artificiale per generare migliaia di varianti di modelli di abiti, scegliendo automaticamente i migliori in base a specifici criteri estetici e funzionali. Secondo un rapporto del 2024, il 42% dei marchi di moda di lusso ha iniziato a integrare l'IA generativa nei propri processi creativi, non solo per la progettazione di nuovi capi, ma anche per la creazione di esperienze di vendita immersive.

Un esempio interessante è rappresentato da **Shootify**, una piattaforma che combina l'IA generativa con dati provenienti dai social media per prevedere le tendenze di stile. Utilizzando algoritmi che analizzano milioni di immagini, Shootify suggerisce ai marchi quali colori, tagli e tessuti saranno più richiesti nelle prossime stagioni. Questo approccio basato sui dati non solo migliora la capacità di anticipare le tendenze, ma riduce anche gli sprechi, permettendo alle aziende di produrre solo ciò che ha reali possibilità di essere venduto.

Nel design industriale, l'IA generativa è uno strumento rivoluzionario. Software come Autodesk Generative Design consentono ai progettisti di inserire parametri specifici, come materiali disponibili, requisiti di peso e limiti di produzione, per ottenere automaticamente migliaia di opzioni di design ottimizzate. Questo approccio ha trovato applicazione in settori come l'automotive e l'aeronautica. Un caso di successo è quello di Airbus, che ha utilizzato l'IA generativa per progettare componenti degli aerei, riducendone il peso del 30% e migliorandone l'efficienza energetica.

L'IA generativa non solo velocizza i processi creativi, ma li rende anche più inclusivi. Aziende come Nike e Adidas stanno sperimentando con la personalizzazione di massa, offrendo ai clienti la possibilità di co-creare i propri prodotti attraverso piattaforme basate sull'IA. Un cliente può caricare un disegno o un'idea di design, e il sistema generativo traduce quella visione in un prototipo realistico, pronto per la produzione. Questo tipo di interazione non solo aumenta il coinvolgimento del cliente, ma apre anche nuove possibilità di espressione creativa.

Secondo uno studio del 2023 condotto da McKinsey, l'integrazione dell'IA generativa potrebbe incrementare la velocità di sviluppo dei prodotti del 30-50%, riducendo al contempo i costi operativi del 15-20%. Questi dati evidenziano il potenziale di questa tecnologia per rivoluzionare non solo il processo creativo, ma anche l'efficienza operativa dell'intera filiera produttiva.

Nonostante gli evidenti vantaggi, l'utilizzo dell'IA generativa nella moda e nel design industriale non è privo di sfide. Una delle principali riguarda il concetto di originalità: se un design è generato da un algoritmo, chi può essere considerato il suo autore? Questo dilemma, che ha già sollevato dibattiti nel campo dell'arte e della musica, sta iniziando a emergere anche nel design. Inoltre, c'è il rischio di una progressiva omogeneizzazione dello stile: con così tante aziende che utilizzano tecnologie simili, potrebbe diventare più difficile distinguere un brand dall'altro.

C'è poi la questione della sostenibilità. Sebbene l'IA generativa possa aiutare a ridurre gli sprechi, la sua implementazione richiede un'ingente quantità di dati e risorse computazionali, con un impatto ambientale che non può essere ignorato. Molti designer e aziende stanno cercando di bilanciare questi aspetti, esplorando soluzioni come l'uso di server più efficienti e algoritmi a basso consumo energetico.

L'introduzione dell'IA generativa nella moda e nel design di prodotto non è solo una questione di efficienza, ma una vera e propria rivoluzione culturale. Offre ai designer strumenti senza precedenti per innovare e sperimentare, permette ai consumatori di essere parte attiva nel processo creativo e apre nuove prospettive sul rapporto tra tecnologia e creatività.

Creatività espansa e limitazioni attuali

Un futuro prende forma davanti a noi, un futuro in cui le macchine non si limitano a risolvere problemi, ma partecipano al processo creativo. Algoritmi che compongono melodie mai udite disegnano opere d'arte uniche e scrivono storie capaci di toccare il cuore. Questo non è più fantascienza: è la realtà emergente dell'intelligenza artificiale generativa. Questo scenario, che un tempo apparteneva alla fantascienza, è oggi una realtà. Ma mentre celebriamo queste innovazioni, emergono domande fondamentali: fino a che punto l'IA può essere creativa? E quali sono i limiti intrinseci di questa tecnologia?

Gli strumenti creativi basati sull'IA sono in grado di produrre opere straordinarie, combinando milioni di dati provenienti da fonti diverse per generare qualcosa di apparentemente unico. Modelli come DALL-E, ChatGPT e Stable Diffusion hanno già dimostrato di poter creare contenuti che sfidano le capacità umane. Nel 2024, un quadro generato dall'IA è stato venduto all'asta per oltre 500.000 dollari, sollevando dibattiti sull'autenticità e il valore dell'arte creata da una macchina. Tuttavia, questi successi portano con sé anche una serie di interrogativi.

Una delle questioni più complesse riguarda l'originalità. Un'opera generata dall'IA può essere davvero considerata unica? Gli algoritmi non "creano" nel senso umano del termine: elaborano dati esistenti, individuano schemi e producono nuovi contenuti sulla base di essi. Questo processo, per quanto sofisticato, è basato su una rielaborazione e non su un'intuizione creativa autonoma. Come ha osservato la critica d'arte Maria Smith in un recente articolo, "L'IA non conosce il senso di meraviglia o ispirazione. I suoi prodotti sono privi del peso delle emozioni umane che spesso rendono l'arte così potente."

Secondo un rapporto di Mvedonosey del 2023, il 68% dei professionisti creativi vedono l'IA come un alleato piuttosto che un rivale, ma molti sottolineano la necessità di tracciare una linea tra l'assistenza creativa e la sostituzione dell'artista. Per esempio, mentre l'IA può aiutare a generare un concept visivo, sono gli esseri umani che gli conferiscono significato e profondità attraverso la loro interpretazione e la loro visione personale.

Un altro limite evidente dell'IA generativa è la mancanza di contesto culturale e storico. Un algoritmo può creare una rappresentazione visiva perfetta, ma non può comprendere il significato simbolico o sociale di ciò che sta producendo. Questo problema è stato evidenziato nel 2024 quando un'immagine generata dall'IA per una campagna pubblicitaria ha suscitato polemiche perché riproduceva inconsapevolmente stereotipi culturali offensivi. L'episodio ha messo in luce il fatto che, senza la supervisione umana, i modelli di IA rischiano di perpetuare o amplificare i bias presenti nei dati di addestramento.

Nonostante queste limitazioni, l'IA sta anche ridefinendo ciò che consideriamo creatività. La sua capacità di esplorare combinazioni inedite e produrre contenuti in modo rapido e scalabile offre opportunità senza precedenti. Nell'industria cinematografica, per esempio, gli algoritmi vengono utilizzati per generare concept visivi per set e costumi, accelerando il processo creativo e riducendo i costi. Allo stesso modo, nel campo della musica, l'IA sta aprendo nuove strade per la composizione sperimentale, creando sonorità che sarebbero difficili da immaginare per un musicista umano.

Un altro aspetto interessante è il ruolo dell'IA nella democratizzazione della creatività. Strumenti come Canva o Adobe Firefly rendono accessibili a chiunque tecnologie avanzate, permettendo anche a persone senza competenze specifiche di creare opere visive o grafiche di alta qualità. Questo fenomeno sta cambiando il panorama creativo, rendendo la produzione artistica più inclusiva e aperta.

Tuttavia, c'è anche il rischio di una saturazione creativa. Con la proliferazione di contenuti generati dall'IA, può diventare sempre più difficile distinguere tra l'arte autenticamente umana e quella prodotta da una macchina. Questo fenomeno solleva domande sul valore intrinseco dell'opera: un dipinto creato dall'IA ha lo stesso peso emotivo di uno realizzato da un artista umano? E come cambierà il nostro rapporto con l'arte se non possiamo più sapere con certezza chi (o cosa) l'ha creata?

Le implicazioni filosofiche sono profonde. Se consideriamo la creatività come un'espressione dell'anima umana, allora l'IA non potrà mai essere realmente creativa, poiché le manca la consapevolezza di sé e l'esperienza emotiva. Tuttavia, se vediamo la creatività come un processo di combinazione di idee e di risoluzione di problemi, allora l'IA è già un creatore straordinario. Questa tensione tra il significato umano della creatività e la potenza tecnica dell'IA continuerà a guidare il dibattito nei prossimi anni.

Nel frattempo, la tecnologia avanza a passi da gigante. Secondo un'indagine condotta da Gartner nel 2024, il 72% delle aziende creative prevede di aumentare l'uso dell'IA generativa nei prossimi tre anni, con investimenti significativi in strumenti che promettono di rivoluzionare il modo in cui vengono prodotti contenuti in settori come la pubblicità, il design e la moda.

L'IA generativa ha ampliato enormemente i confini della creatività, ma è chiaro che il suo ruolo non è quello di sostituire gli artisti, bensì di potenziarli. Il futuro della creatività sarà probabilmente caratterizzato da una collaborazione sempre più stretta tra esseri umani e macchine, con l'IA che agisce come un catalizzatore per idee che altrimenti potrebbero rimanere inespresse. Questo nuovo capitolo nella storia della creatività ci invita a ripensare non solo come creiamo, ma anche cosa significhi realmente creare.

Conclusione

Il secondo capitolo ha esplorato come l'IA generativa stia trasformando i settori creativi, ampliando i confini della produzione artistica e ridisegnando il ruolo della creatività. Abbiamo visto come artisti e designer utilizzino l'IA non solo come strumento, ma come partner per espandere il loro potenziale, creando opere visive, musicali e narrative che sfidano i limiti tradizionali. Nel design, l'IA ha dimostrato di essere un potente alleato nella personalizzazione di massa e nell'ottimizzazione dei processi, mentre nel cinema e nella moda si è affermata come motore di innovazione.

Tuttavia, abbiamo anche discusso i limiti intrinseci di questa tecnologia. La mancanza di consapevolezza emotiva e di contesto culturale dell'IA, così come i dubbi sull'originalità e sull'attribuzione dell'autore, sono aspetti che sollevano interrogativi etici e filosofici. L'IA ha aperto un nuovo capitolo nella storia della creatività, ma il suo impatto sarà guidato dalla collaborazione tra uomo e macchina, piuttosto che da una sostituzione pura e semplice.

Guardando al futuro, il prossimo capitolo sposterà l'attenzione dal mondo creativo a quello scientifico e medico. Esploreremo come l'IA generativa stia rivoluzionando la ricerca scientifica, dalla scoperta di nuovi farmaci alla genomica, e come stia migliorando la diagnostica e la personalizzazione delle cure. Verranno presentati esempi concreti di applicazioni innovative, insieme alle sfide tecnologiche che questa evoluzione comporta. Questa transizione ci porterà a riflettere sul ruolo dell'IA non solo come creatore, ma come alleato essenziale nella trasformazione della scienza e della medicina moderna.

Capitolo 3

L'IA generativa nella ricerca scientifica e in medicina

Scoperta di farmaci e molecole con l'IA

Nel panorama della ricerca farmacologica, l'IA generativa sta emergendo come una forza rivoluzionaria, capace di trasformare radicalmente i processi tradizionali di scoperta e sviluppo di nuovi farmaci. Tradizionalmente, l'identificazione di molecole terapeutiche efficaci richiedeva anni di ricerca e ingenti investimenti finanziari. Oggi, grazie all'IA, questo percorso può essere significativamente accelerato, aprendo nuove prospettive per il trattamento di malattie complesse.

Un esempio emblematico di questa trasformazione è rappresentato da Insilico Medicine, una startup biotecnologica che ha utilizzato l'IA per sviluppare un farmaco destinato al trattamento della fibrosi polmonare idiopatica (IPF). In meno di 18 mesi, l'azienda è riuscita a identificare una molecola promettente, denominata ISM001-055, e a portarla fino alla fase IIa degli studi clinici. Questo risultato è particolarmente significativo se confrontato con i tempi medi di sviluppo di un farmaco, che possono superare i dieci anni.

La fibrosi polmonare idiopatica è una malattia cronica caratterizzata da una progressiva cicatrizzazione del tessuto polmonare, che porta a una riduzione della capacità respiratoria. Le opzioni terapeutiche attuali sono limitate e spesso associate a effetti collaterali significativi. L'approccio di Insilico Medicine ha combinato l'IA generativa con tecniche di apprendimento automatico per analizzare vasti dataset biologici e chimici, identificando potenziali bersagli terapeutici e progettando molecole con le caratteristiche desiderate.

Questo metodo non solo ha ridotto i tempi di scoperta, ma ha anche comportato una diminuzione significativa dei costi associati alla ricerca e sviluppo. Secondo un rapporto del Boston Consulting Group e del Wellcome Trust del 2023, l'IA potrebbe produrre "risparmi di tempo e di costi di almeno il 25-50%" nella scoperta di farmaci fino alla fase preclinica. L'IA generativa opera analizzando enormi quantità di dati esistenti, identificando pattern e relazioni che potrebbero sfuggire all'analisi umana. Questo le consente di generare nuove molecole con proprietà specifiche, ottimizzando parametri come l'efficacia terapeutica, la biodisponibilità e la sicurezza. Inoltre, l'IA può prevedere potenziali effetti collaterali e interazioni farmacologiche, migliorando la selezione dei candidati più promettenti per le fasi successive dello sviluppo.

Un altro esempio significativo è rappresentato da DeepMind, una società di ricerca sull'IA che ha sviluppato AlphaFold, un sistema in grado di prevedere con elevata precisione la struttura tridimensionale delle proteine a partire dalla loro sequenza amminoacidica. Questa capacità ha rivoluzionato la biologia strutturale, facilitando la comprensione dei meccanismi molecolari alla base di molte malattie e accelerando la scoperta di nuovi farmaci.

Nonostante questi progressi, l'integrazione dell'IA nella ricerca farmacologica presenta ancora sfide significative. La qualità e la quantità dei dati disponibili sono cruciali per l'efficacia dei modelli di IA. Dati incompleti o di bassa qualità possono portare a previsioni errate. Inoltre, la trasparenza e l'interpretabilità degli algoritmi di IA sono fondamentali per garantire la fiducia degli scienziati e delle autorità regolatorie nei risultati ottenuti.

Un altro aspetto critico riguarda le implicazioni etiche e legali dell'utilizzo dell'IA nella scoperta di farmaci. La proprietà intellettuale delle molecole generate dall'IA, la responsabilità in caso di effetti avversi e la necessità di regolamentazioni specifiche sono temi che richiedono un'attenta considerazione.

Nonostante queste sfide, l'adozione dell'IA generativa nella ricerca farmacologica continua a crescere. Secondo un'indagine condotta da Gartner nel 2024, il 72% delle aziende farmaceutiche prevede di aumentarne l'uso nei prossimi tre anni, con investimenti significativi in strumenti che promettono di rivoluzionare il modo in cui vengono scoperti e sviluppati i farmaci.

L'IA generativa sta trasformando profondamente il panorama della scoperta di farmaci, rendendo possibile affrontare malattie complesse con una rapidità e un'efficienza economica mai raggiunte prima. Per liberare tutto il potenziale di questa tecnologia, sarà essenziale combinare dati di alta qualità, algoritmi avanzati e un approccio collaborativo tra discipline. Questa sinergia promette di inaugurare una nuova era per la medicina e la ricerca scientifica, aprendo opportunità che fino a pochi anni fa erano inimmaginabili.

Diagnostica e personalizzazione delle cure

Pensa ad un futuro in cui la diagnosi di una malattia complessa avviene in pochi istanti, con una precisione mai vista prima, e il trattamento è perfettamente adattato alle caratteristiche uniche di ogni paziente. Questo scenario, che potrebbe sembrare fantascienza, sta diventando realtà grazie all'IA generativa, che sta rivoluzionando la diagnostica medica e la personalizzazione delle cure.

Tradizionalmente, la diagnostica medica si basa su immagini ottenute da tecniche come la risonanza magnetica (RM), la tomografia computerizzata (TC) e le radiografie. Tuttavia, la qualità di queste immagini può essere influenzata da vari fattori, come il movimento del paziente o le limitazioni dell'apparecchiatura. L'IA generativa interviene in questo contesto migliorando la qualità delle immagini mediche attraverso la generazione di dati sintetici. Ad esempio, algoritmi avanzati possono creare immagini ad alta risoluzione da scansioni di bassa qualità, rivelando dettagli altrimenti impercettibili che possono essere cruciali per una diagnosi precoce e accurata.

Un caso concreto è rappresentato dall'utilizzo dell'IA nella diagnostica per immagini, dove gli algoritmi consentono di accelerare fino al 35% i tempi di acquisizione di un'immagine di RM, riducendo artefatti e rumore. Questo permette di ottenere immagini più dettagliate, con benefici in termini di sicurezza e accuratezza delle diagnosi.

Oltre al miglioramento delle immagini, l'IA generativa sta trasformando la personalizzazione delle cure. Analizzando una vasta gamma di dati clinici, genetici e ambientali, è in grado di creare piani terapeutici su misura per ogni paziente. Questo approccio, noto come medicina personalizzata, mira a ottimizzare l'efficacia dei trattamenti riducendo al minimo gli effetti collaterali.

Ad esempio, nella gestione del diabete, può analizzare i dati glicemici di un paziente, insieme a informazioni su dieta, attività fisica e genetica, per prevedere le variazioni dei livelli di zucchero nel sangue e suggerire dosaggi insulinici personalizzati. Questo livello di precisione nella gestione della malattia può migliorare significativamente la qualità della vita dei pazienti.

Un altro esempio è l'utilizzo dell'IA nella pianificazione del trattamento del cancro. Analizzando le caratteristiche genetiche del tumore di un paziente, può suggerire terapie mirate che hanno maggiori probabilità di successo. Questo approccio è particolarmente utile nei casi in cui i tumori presentano mutazioni genetiche specifiche che possono essere bersagliate da farmaci esistenti.

Nonostante i progressi significativi, l'integrazione dell'IA generativa nella pratica clinica presenta ancora sfide. La qualità dei dati utilizzati per addestrare gli algoritmi è fondamentale; dati incompleti o di bassa qualità possono portare a risultati inaccurati. Inoltre, la trasparenza degli algoritmi è essenziale per garantire la fiducia dei medici e dei pazienti nelle raccomandazioni generate dall'IA.

Un altro aspetto critico riguarda le implicazioni etiche e legali dell'utilizzo dell'IA nella medicina. La responsabilità in caso di errori diagnostici o terapeutici, la protezione dei dati dei pazienti e la necessità di regolamentazioni specifiche sono temi che richiedono un'attenta considerazione.

Nonostante queste sfide, l'adozione dell'IA generativa nella diagnostica e nella personalizzazione delle cure continua a crescere. Secondo un rapporto di McKinsey del 2024, si prevede che l'utilizzo nella sanità possa generare un valore economico globale compreso tra 250 e 400 miliardi di dollari all'anno entro il 2030, migliorando al contempo gli esiti clinici per milioni di pazienti.

L'IA generativa sta aprendo nuove frontiere nella medicina, offrendo strumenti potenti per migliorare la diagnosi e il trattamento delle malattie. La combinazione di dati di alta qualità, algoritmi avanzati e collaborazione interdisciplinare sarà fondamentale per sfruttare appieno il potenziale di questa tecnologia, aprendo la strada a una nuova era nella medicina personalizzata.

Bioinformatica e genomica

Nel vasto panorama della ricerca biomedica, la bioinformatica e la genomica rappresentano due pilastri fondamentali per la comprensione dei meccanismi alla base delle malattie genetiche. L'IA generativa in questi campi ha aperto nuove prospettive, consentendo analisi più rapide e approfondite di enormi quantità di dati genomici, e facilitando la creazione di sequenze sintetiche per simulare mutazioni genetiche.

Tradizionalmente, l'analisi del genoma umano richiedeva tempi lunghi e risorse considerevoli. Con l'avvento dell'IA generativa, è possibile elaborare e interpretare dati genomici con una velocità e una precisione senza precedenti. Ad esempio, algoritmi avanzati possono identificare varianti genetiche associate a specifiche patologie, accelerando la diagnosi e la comprensione di malattie rare.

Un caso emblematico è rappresentato dall'utilizzo dell'IA per la generazione di sequenze di DNA sintetiche. Questa tecnologia permette di simulare mutazioni genetiche, offrendo ai ricercatori la possibilità di studiare gli effetti di specifiche alterazioni genetiche senza la necessità di campioni biologici reali. Tale approccio è particolarmente utile nello studio di malattie genetiche rare, dove la disponibilità di campioni è spesso limitata.

Un esempio concreto è lo studio condotto da Lazebnik e Simon-Keren, che hanno sviluppato un modello chiamato Cancer-inspired Genomics Mapper Model (CGMM). Questo modello combina algoritmi genetici e deep learning per trasformare genomi di controllo in genomi con fenotipi desiderati, come specifiche mutazioni associate al cancro. I risultati hanno dimostrato che CGMM può generare genomi sintetici indistinguibili da quelli reali, offrendo un potente strumento per la ricerca genomica.

L'IA generativa non solo accelera l'analisi dei dati genomici, ma migliora anche la qualità delle informazioni ottenute. Ad esempio, nella diagnosi di malattie rare, può identificare varianti genetiche precedentemente non riconosciute, fornendo nuove intuizioni sulle cause genetiche di queste patologie.

Un altro esempio significativo è rappresentato dall'algoritmo AlphaMissense, sviluppato da DeepMind. Questo algoritmo è in grado di prevedere gli effetti di milioni di mutazioni missenso, ovvero mutazioni puntiformi del DNA che determinano la sostituzione di un singolo amminoacido nella proteina finale. AlphaMissense ha classificato l'89% di queste varianti, prevedendo che il 57% potrebbe essere benigno mentre il 32% potrebbe causare malattie. Questo strumento offre un supporto prezioso nella diagnosi e nella comprensione delle malattie genetiche.

Nonostante i progressi significativi, l'integrazione dell'IA generativa nella bioinformatica e nella genomica presenta ancora sfide. La qualità e la quantità dei dati disponibili sono cruciali per l'efficacia dei modelli avanzati di intelligenza artificiale. Dati incompleti o di bassa qualità possono portare a previsioni errate. Inoltre, la trasparenza e l'interpretabilità degli algoritmi di IA sono fondamentali per garantire la fiducia dei ricercatori e dei clinici nei risultati ottenuti.

Un altro aspetto critico riguarda le implicazioni etiche e legali dell'utilizzo dell'IA nella genomica. La proprietà intellettuale delle sequenze generate artificialmente, la responsabilità in caso di errori diagnostici e la necessità di regolamentazioni specifiche sono temi che richiedono un'attenta considerazione.

Nonostante queste sfide, l'adozione dell'IA generativa nella bioinformatica e nella genomica continua a crescere. Secondo un rapporto di MarketsandMarkets del 2024, si prevede che il mercato globale dell'IA nella genomica raggiungerà i 2,5 miliardi di dollari entro il 2028, con un tasso di crescita annuale composto (CAGR) del 52,7% dal 2023 al 2028.

La rivoluzione nella bioinformatica e nella genomica sta portando strumenti potenti per l'analisi dei dati genomici e la comprensione delle malattie genetiche. Unendo dati di alta qualità, algoritmi avanzati e una collaborazione interdisciplinare, si aprono le porte a una nuova era nella ricerca biomedica, in cui le frontiere della conoscenza scientifica vengono continuamente ridefinite.

Modelli molecolari innovativi

Nel vasto panorama della biologia strutturale, la comprensione delle interazioni molecolari è fondamentale per sviluppare terapie efficaci e mirate. Tradizionalmente, determinare la struttura tridimensionale delle proteine, i mattoni fondamentali della vita, era un processo lungo e complesso, spesso basato su tecniche laboriose come la cristallografia a raggi X o la risonanza magnetica nucleare. Tuttavia, l'avvento dell'IA generativa ha rivoluzionato questo campo, offrendo strumenti potenti per la modellazione molecolare.

Un esempio emblematico di questa rivoluzione è AlphaFold, un programma di IA sviluppato da DeepMind, una sussidiaria di Alphabet. AlphaFold è stato progettato per prevedere la struttura tridimensionale delle proteine a partire dalla loro sequenza amminoacidica. Nel 2020, AlphaFold ha raggiunto una precisione senza precedenti nella predizione delle strutture proteiche, vincendo la competizione Critical Assessment of Structure Prediction (CASP) e superando significativamente le metodologie tradizionali.

Nel luglio 2021, DeepMind ha collaborato con l'European Molecular Biology Laboratory (EMBL) per lanciare l'AlphaFold Protein Structure Database, rendendo disponibili oltre 350.000 strutture proteiche predette, inclusa l'intero proteoma umano. Questo database è stato successivamente ampliato, arrivando a contenere previsioni per quasi tutte le proteine conosciute, superando i 200 milioni di strutture.

L'impatto di AlphaFold sulla biologia strutturale è stato rivoluzionario. La disponibilità di strutture proteiche accurate ha accelerato la ricerca in numerosi campi, dalla biologia molecolare alla farmacologia. Ad esempio, la comprensione dettagliata delle strutture proteiche ha facilitato lo sviluppo di farmaci mirati, migliorando l'efficacia terapeutica e riducendo gli effetti collaterali.

Oltre alla predizione delle strutture proteiche, l'IA generativa ha contribuito alla progettazione di nuovi modelli molecolari. Utilizzando reti neurali profonde, gli scienziati possono generare molecole con proprietà specifiche, ottimizzando parametri come l'affinità di legame, la solubilità e la stabilità. Questo approccio ha portato alla scoperta di nuovi composti con potenziale terapeutico, accelerando il processo di sviluppo dei farmaci.

Un esempio concreto è rappresentato dall'utilizzo dell'IA per progettare inibitori enzimatici. Analizzando le strutture proteiche predette da AlphaFold, i ricercatori possono identificare siti attivi e progettare molecole che si legano specificamente a questi siti, inibendo l'attività enzimatica. Questo approccio è stato utilizzato nello sviluppo di inibitori per enzimi coinvolti in malattie come il cancro e le infezioni virali.

Nonostante i progressi significativi, l'integrazione dell'IA nella modellazione molecolare presenta ancora sfide. La qualità dei dati utilizzati per addestrare gli algoritmi è cruciale; dati incompleti o di bassa qualità possono portare a previsioni errate. Inoltre, la comprensione delle dinamiche proteiche, come i cambiamenti conformazionali, richiede modelli più sofisticati che tengano conto della flessibilità molecolare.

Un altro aspetto critico riguarda le implicazioni etiche e legali dell'utilizzo dell'IA nella progettazione molecolare. La proprietà intellettuale delle molecole generate dalla macchina, la responsabilità in caso di effetti avversi e la necessità di regolamentazioni specifiche sono temi che richiedono un'attenta considerazione.

La tecnologia generativa sta rivoluzionando la biologia strutturale e la progettazione molecolare, offrendo strumenti potenti per la comprensione delle interazioni molecolari e lo sviluppo di terapie mirate. La combinazione di dati di alta qualità, algoritmi avanzati e collaborazione interdisciplinare sarà fondamentale per sfruttare appieno il potenziale di questa tecnologia, aprendo la strada a una nuova era nella ricerca biomedica.

Sfide tecnologiche in medicina

L'integrazione dell'IA generativa nella pratica medica promette di rivoluzionare diagnosi e trattamenti. Tuttavia, questo progresso porta con sé una serie di sfide tecnologiche e etiche che richiedono un'attenta considerazione.

Una delle principali preoccupazioni riguarda la regolamentazione. L'Unione Europea ha introdotto l'AI Act, entrato in vigore il 1° agosto 2024, con l'obiettivo di affrontare i potenziali rischi per la salute, la sicurezza e i diritti fondamentali dei cittadini derivanti dall'uso dell'IA. Questo regolamento fornisce requisiti chiari per sviluppatori e operatori, riducendo al contempo gli oneri amministrativi per le imprese.

La sicurezza è un altro aspetto cruciale. Sebbene l'IA possa migliorare l'accuratezza diagnostica, esistono casi in cui modelli hanno generato diagnosi errate. Ad esempio, un sistema addestrato su dati influenzati da bias umani può replicare e amplificare tali bias, portando a diagnosi imprecise.

La trasparenza degli algoritmi è fondamentale per garantire la fiducia degli operatori sanitari e dei pazienti. Tuttavia, molti modelli di IA operano come "scatole nere", rendendo difficile comprendere il processo decisionale. Questo limita l'autonomia del paziente nel processo decisionale condiviso e può compromettere la fiducia nel sistema sanitario.

Un esempio concreto riguarda un sistema di IA utilizzato per la diagnosi del cancro al seno, che ha mostrato una precisione inferiore per le donne di colore rispetto alle donne bianche. Questo bias è attribuibile a dati di addestramento non rappresentativi, evidenziando la necessità di dataset diversificati e inclusivi.

Per affrontare queste sfide, è essenziale una supervisione umana costante. Gli operatori sanitari devono essere coinvolti nel processo decisionale, utilizzando l'IA come supporto e non come sostituto. Inoltre, è fondamentale sviluppare sistemi di IA trasparenti e spiegabili, che permettano di comprendere le logiche alla base delle decisioni prese.

La collaborazione tra sviluppatori di algoritmi generativi, professionisti sanitari e legislatori è cruciale per garantire che le tecnologie siano sicure, efficaci e rispettose dei diritti dei pazienti. Solo attraverso un approccio integrato sarà possibile sfruttare appieno il potenziale dell'IA in medicina, superando le sfide attuali e future.

Conclusione

Il terzo capitolo ha esplorato il profondo impatto dell'intelligenza artificiale generativa sulla ricerca scientifica e sulla medicina, evidenziando come questa tecnologia stia rivoluzionando ogni aspetto della pratica medica e dello studio biomedico. A partire dalla scoperta di farmaci e molecole, abbiamo visto come l'IA consenta di accelerare i tempi di sviluppo e ridurre i costi, con esempi concreti come il lavoro di Insilico Medicine e i successi di AlphaFold nella biologia strutturale.

La tecnologia generativa ha inoltre migliorato la diagnostica attraverso immagini sintetiche ad alta risoluzione e piani terapeutici personalizzati, offrendo nuove possibilità di cura basate sulle caratteristiche uniche dei pazienti. Nel campo della bioinformatica e della genomica, abbiamo scoperto come l'IA permetta di analizzare enormi quantità di dati genomici e generare sequenze sintetiche per simulare mutazioni, rivoluzionando lo studio delle malattie genetiche. Infine, il capitolo ha analizzato le sfide tecnologiche ed etiche, dalla regolamentazione alla trasparenza, sottolineando l'importanza della supervisione umana per garantire la sicurezza e l'affidabilità dei sistemi.

Con queste solide basi, il prossimo capitolo si sposterà dal mondo della scienza a quello del business e del marketing, esplorando come l'IA generativa stia trasformando il panorama commerciale. Analizzeremo il ruolo dell'IA nella personalizzazione di contenuti e pubblicità, nei modelli di raccomandazione e nella creazione di contenuti di marketing, fino ad arrivare all'automazione della customer experience e all'analisi dei dati di mercato. Sarà un viaggio attraverso le strategie più innovative che stanno ridefinendo il rapporto tra aziende e consumatori.

Capitolo 4

L'IA generativa nel business e nel marketing

Personalizzazione di contenuti e pubblicità

Ricevere una pubblicità che sembra conoscere i tuoi gusti, le tue necessità e persino il tuo stato d'animo non è più un'idea futuristica, ma una realtà concreta. Tecnologie avanzate stanno trasformando il modo in cui le aziende progettano e diffondono messaggi su misura, rendendo ogni interazione più mirata e coinvolgente. Al centro di questa trasformazione vi sono strumenti innovativi che stanno cambiando il volto della comunicazione pubblicitaria come non era mai successo prima.

L'IA generativa utilizza algoritmi avanzati per analizzare vasti insiemi di dati relativi ai comportamenti e alle preferenze degli utenti. Attraverso l'apprendimento automatico, questi algoritmi sono in grado di generare contenuti altamente personalizzati, ottimizzando il linguaggio, le immagini e il posizionamento per massimizzare l'engagement e la conversione. Ad esempio, una piattaforma di e-commerce può sfruttare tecnologie avanzate per creare annunci che mostrano prodotti specifici basati sulla cronologia di navigazione e acquisto di un utente, aumentando significativamente le probabilità di vendita.

Un caso emblematico di utilizzo dell'IA generativa nella personalizzazione pubblicitaria è rappresentato da Coca-Cola. Nel 2024, l'azienda ha lanciato una campagna natalizia innovativa, collaborando con studi specializzati per creare spot pubblicitari generati interamente dalla tecnologia generativa. Questi annunci presentavano scene festose con i tradizionali camion rossi che attraversavano paesaggi innevati, ma con una particolarità: ogni video era unico e adattato a diversi segmenti di pubblico.

La campagna ha suscitato reazioni contrastanti. Da un lato, alcuni consumatori hanno apprezzato l'innovazione e la capacità dell'IA di creare contenuti su misura in tempi rapidi. Dall'altro, ci sono state critiche riguardo alla qualità estetica e all'autenticità degli annunci, con alcuni che li hanno definiti "distopici" o "senza anima".

Nonostante le polemiche, l'iniziativa di Coca-Cola evidenzia il potenziale dell'IA generativa nel rivoluzionare la pubblicità. La capacità di creare contenuti personalizzati in tempo reale consente alle aziende di adattare le loro strategie di marketing alle esigenze specifiche dei consumatori, migliorando l'efficacia delle campagne e ottimizzando l'allocazione delle risorse.

Secondo un rapporto di Deloitte del 2023, l'82% delle aziende che hanno adottato l'IA generativa nel marketing ha registrato un aumento significativo del ritorno sull'investimento (ROI). Questo dato sottolinea come la personalizzazione dei contenuti, resa possibile dall'IA, non solo migliori l'esperienza del cliente, ma contribuisca anche al successo finanziario delle imprese.

Tuttavia, l'implementazione dell'IA generativa nella pubblicità non è priva di sfide. La qualità dei dati utilizzati per addestrare gli algoritmi è cruciale: dati incompleti o bias possono portare a contenuti inefficaci o, peggio, a messaggi che alienano segmenti di pubblico. Inoltre, la trasparenza e l'etica nell'uso delle soluzioni generative sono temi di crescente importanza. I consumatori sono sempre più consapevoli e critici riguardo all'uso dei loro dati personali, e le aziende devono garantire che le loro pratiche siano conformi alle normative sulla privacy e rispettose dei diritti degli utenti.

Un altro esempio significativo è rappresentato da Netflix, che utilizza l'IA generativa per creare trailer personalizzati per i suoi utenti. Analizzando le preferenze di visualizzazione e i generi preferiti, l'algoritmo genera anteprime che mettono in risalto gli aspetti più rilevanti di un film o di una serie per ciascun spettatore, aumentando così le probabilità che l'utente scelga di guardare quel contenuto.

Inoltre, piattaforme come Amazon e Spotify sfruttano l'IA per personalizzare le raccomandazioni di prodotti e musica. Questi sistemi analizzano i comportamenti degli utenti e generano suggerimenti su misura, migliorando l'esperienza del cliente e incrementando le vendite o gli ascolti.

L'innovazione tecnologica sta rivoluzionando il panorama della pubblicità e del marketing, mettendo a disposizione delle aziende strumenti avanzati per creare contenuti estremamente personalizzati e coinvolgenti. Sebbene rimangano sfide importanti, come la gestione dei bias e la protezione della privacy, le opportunità che emergono da queste nuove capacità sono straordinarie. Le realtà che riusciranno a integrare queste soluzioni nei propri processi strategici potranno distinguersi in un mercato sempre più incentrato sulla personalizzazione e sull'esperienza dell'utente.

Modelli di raccomandazione

Dopo una lunga giornata, apri Netflix e trovi subito una serie che sembra cucita sulle tue preferenze. Accedi ad Amazon e tra i suggerimenti ci sono prodotti che rispondono perfettamente alle tue necessità del momento. Questo livello di personalizzazione è il risultato dell'evoluzione dei modelli di raccomandazione alimentati da tecnologie avanzate, che stanno trasformando il modo in cui le piattaforme digitali comprendono e interagiscono con i loro utenti.

Tradizionalmente, i sistemi di raccomandazione si basavano su due approcci principali: il filtraggio collaborativo e il filtraggio basato sul contenuto. Il filtraggio collaborativo analizza le preferenze di utenti simili per suggerire contenuti, mentre il filtraggio basato sul contenuto si concentra sulle caratteristiche degli articoli stessi. Tuttavia, questi metodi presentano limitazioni, come la difficoltà nel gestire nuovi utenti o prodotti senza dati storici, noto come "cold start problem".

L'IA generativa supera queste limitazioni creando raccomandazioni contestuali e dinamiche. Analizzando in tempo reale una vasta gamma di dati, tra cui comportamenti di navigazione, cronologia degli acquisti, interazioni sociali e persino dati demografici, gli algoritmi generativi possono prevedere con maggiore precisione i desideri degli utenti, anche in assenza di dati pregressi.

Netflix è un esempio emblematico di utilizzo avanzato dell'IA generativa. La piattaforma non solo analizza le abitudini di visione degli utenti, ma utilizza anche algoritmi generativi per creare trailer personalizzati e selezionare le immagini di copertina più adatte a ciascun spettatore. Questo approccio aumenta significativamente l'engagement, poiché i contenuti vengono presentati in modo più attraente e rilevante per l'utente.

Amazon, dal canto suo, ha implementato modelli di raccomandazione che vanno oltre la semplice analisi degli acquisti precedenti. Utilizzando gli algoritmi di IA, la piattaforma è in grado di suggerire prodotti complementari o alternativi basati su tendenze emergenti e comportamenti simili di altri utenti. Ad esempio, se un utente acquista una macchina fotografica, Amazon può suggerire accessori pertinenti o corsi di fotografia, migliorando l'esperienza d'acquisto e aumentando le vendite.

Spotify utilizza l'IA generativa per creare playlist personalizzate come "Discover Weekly" e "Release Radar". Analizzando le abitudini di ascolto e le preferenze musicali degli utenti, l'algoritmo genera raccomandazioni che introducono nuove canzoni e artisti in linea con i gusti individuali, mantenendo l'esperienza fresca e coinvolgente.

Secondo un rapporto di McKinsey del 2023, le aziende che utilizzano modelli di raccomandazione basati sulle tecnologie generative hanno registrato un aumento delle vendite online fino al 30%. Questo incremento è attribuito alla capacità di offrire suggerimenti più pertinenti e tempestivi, migliorando la soddisfazione del cliente e la fidelizzazione.

Tuttavia, l'implementazione di questi modelli non è priva di sfide. La qualità dei dati è fondamentale: dati inaccurati o incompleti possono portare a raccomandazioni errate, compromettendo l'esperienza dell'utente. Inoltre, esistono preoccupazioni riguardo alla privacy, poiché l'analisi approfondita dei comportamenti degli utenti può sollevare questioni etiche e legali.

Per affrontare queste sfide, le aziende devono adottare pratiche trasparenti nella raccolta e nell'utilizzo dei dati, garantendo il consenso informato degli utenti e rispettando le normative sulla privacy. Inoltre, è essenziale implementare meccanismi di feedback che permettano agli utenti di influenzare le raccomandazioni ricevute, aumentando la fiducia nel sistema.

In conclusione, i modelli di raccomandazione basati sull'IA generativa rappresentano un'evoluzione significativa rispetto ai metodi tradizionali, offrendo suggerimenti più accurati e personalizzati. Piattaforme come Netflix, Amazon e Spotify stanno sfruttando queste tecnologie per migliorare l'engagement e la soddisfazione degli utenti, ottenendo al contempo vantaggi competitivi nel mercato digitale. Tuttavia, è fondamentale affrontare con attenzione le sfide legate alla qualità dei dati e alla privacy, per garantire un utilizzo etico e responsabile dell'IA.

Copywriting e creazione di contenuti per il marketing

Nel panorama digitale odierno, la capacità di creare contenuti accattivanti e pertinenti è fondamentale per le aziende che desiderano distinguersi e coinvolgere il proprio pubblico. Tradizionalmente, la creazione di testi pubblicitari, descrizioni di prodotto e post sui social media richiedeva tempo e risorse significative. Tuttavia, con l'avvento dell'IA, questo processo sta subendo una trasformazione radicale.

Strumenti come Jasper AI e Writesonic stanno rivoluzionando il copywriting, offrendo alle aziende la possibilità di generare contenuti di alta qualità in tempi record. Queste piattaforme utilizzano modelli di linguaggio avanzati per comprendere il contesto e produrre testi che risuonano con il pubblico target. Ad esempio, un'azienda che lancia un nuovo prodotto può utilizzare Jasper AI per creare descrizioni dettagliate, post sui social media e persino script per video promozionali, tutto in pochi minuti.

Un aspetto cruciale dell'IA generativa nel marketing è la sua capacità di ottimizzare i contenuti per i motori di ricerca (SEO). Gli algoritmi possono analizzare le parole chiave più rilevanti e incorporarle nei testi in modo naturale, migliorando la visibilità online dell'azienda. Secondo un rapporto di HubSpot del 2023, le aziende che utilizzano strumenti di IA per il copywriting hanno registrato un aumento del 50% nel traffico organico verso i loro siti web.

Oltre all'ottimizzazione SEO, l'IA generativa consente una personalizzazione su larga scala. Ad esempio, Writesonic può creare varianti di un annuncio pubblicitario adattate a diversi segmenti di pubblico, tenendo conto di fattori come età, localizzazione geografica e interessi. Questo livello di personalizzazione aumenta l'engagement e le conversioni. Un caso studio condotto da una nota azienda di e-commerce ha mostrato che l'utilizzo di contenuti generati dall'IA ha portato a un incremento del 30% nelle vendite rispetto ai testi creati manualmente.

Tuttavia, l'adozione degli algoritmi generativi nel copywriting non è priva di sfide. Una preoccupazione comune riguarda l'autenticità e la creatività dei contenuti generati. Sebbene gli algoritmi possano produrre testi coerenti e pertinenti, alcuni critici sostengono che mancano dell'originalità e del tocco umano che caratterizzano i migliori copywriter. Inoltre, c'è il rischio che l'uso eccessivo dell'IA porti a una standardizzazione dei contenuti, riducendo la diversità e l'innovazione nel marketing.

Per mitigare questi rischi, molte aziende adottano un approccio ibrido, combinando l'efficienza dell'IA con la creatività umana. I copywriter possono utilizzare strumenti come Jasper AI per generare bozze iniziali o per superare il blocco dello scrittore, apportando successivamente modifiche e aggiustamenti per infondere personalità e autenticità ai testi. Questo metodo consente di sfruttare i vantaggi della tecnologia senza sacrificare la qualità del contenuto.

Un altro aspetto da considerare è l'etica nell'uso dell'IA per la creazione di contenuti. È fondamentale che le aziende siano trasparenti riguardo all'utilizzo di testi generati artificialmente e che evitino pratiche ingannevoli. Inoltre, è importante garantire che i modelli di IA siano addestrati su dati diversificati e inclusivi, per evitare bias e stereotipi nei contenuti prodotti.

L'uso di strumenti avanzati sta rivoluzionando il copywriting e la creazione di contenuti per il marketing, aprendo nuove strade per l'efficienza, la personalizzazione e l'ottimizzazione SEO. Applicazioni come Jasper AI e Writesonic si sono affermate come risorse chiave per le aziende che puntano a mantenere un vantaggio competitivo nel panorama digitale. Tuttavia, è cruciale affiancare queste tecnologie alla creatività umana e adottare approcci etici, per garantire contenuti autentici, inclusivi e in grado di stabilire connessioni profonde con il pubblico.

Analisi dei dati di mercato e tendenze

Nel dinamico panorama commerciale odierno, la capacità di interpretare rapidamente i dati di mercato e anticipare le tendenze emergenti è fondamentale per il successo aziendale. L'IA generativa sta rivoluzionando questo processo, trasformando dati grezzi in previsioni di mercato e strategie operative concrete.

Tradizionalmente, l'analisi dei dati di mercato richiedeva team dedicati che esaminavano manualmente grandi volumi di informazioni, un processo spesso lento e soggetto a errori umani. Con l'avvento dell'IA generativa, le aziende possono ora automatizzare gran parte di questo lavoro, ottenendo insights più rapidamente e con maggiore precisione.

Un esempio significativo è l'utilizzo di OpenAI Codex, un sistema di IA in grado di tradurre il linguaggio naturale in codice. Le aziende possono impiegare Codex per automatizzare la sintesi di report di mercato complessi, generando rapidamente analisi dettagliate e identificando pattern nascosti nei dati. Questo non solo accelera il processo decisionale, ma consente anche di adattare le strategie in tempo reale alle mutevoli condizioni del mercato.

Secondo un rapporto di McKinsey del 2023, le aziende che integrano l'IA nelle loro operazioni di analisi dei dati registrano un aumento del 20% nella velocità di risposta alle tendenze di mercato e una riduzione del 15% nei costi operativi. Questo evidenzia come l'IA generativa non solo migliori l'efficienza, ma contribuisca anche a una gestione più economica delle risorse.

Oltre alla velocità e all'efficienza, offre un livello di approfondimento precedentemente inaccessibile. Analizzando simultaneamente dati strutturati e non strutturati, come feedback dei clienti, post sui social media e dati di vendita, gli algoritmi possono individuare tendenze emergenti prima che diventino evidenti attraverso i metodi tradizionali. Ad esempio, un'azienda di moda potrebbe rilevare un crescente interesse per un particolare stile o colore analizzando le conversazioni online, permettendole di adattare rapidamente le proprie collezioni.

Tuttavia, l'implementazione dell'IA generativa nell'analisi dei dati di mercato presenta anche sfide. La qualità dei dati è cruciale: dati incompleti o inaccurati possono portare a previsioni errate. Inoltre, l'interpretazione dei risultati generati dall'IA richiede competenze specifiche, poiché gli algoritmi possono identificare correlazioni che necessitano di un'analisi umana per essere comprese appieno.

Per ottenere il massimo da queste tecnologie, le aziende devono seguire un approccio integrato, unendo la capacità degli algoritmi con il contributo umano. Ciò richiede investimenti nella formazione del personale per sfruttare al meglio gli strumenti disponibili e la creazione di una cultura aziendale che promuova innovazione e flessibilità.

L'analisi dei dati di mercato sta vivendo una rivoluzione grazie all'evoluzione tecnologica, permettendo alle aziende di rispondere con rapidità alle nuove tendenze e di elaborare strategie guidate da approfondimenti mirati. Soluzioni avanzate, come OpenAI Codex, segnano un progresso importante in questo settore. Tuttavia, il vero vantaggio competitivo emergerà dalla capacità delle imprese di integrare queste innovazioni nelle attività quotidiane, sfruttando al meglio la sinergia tra tecnologia e competenze umane.

Customer experience e automazione

Nel contesto competitivo attuale, offrire esperienze cliente di alto livello è essenziale per il successo aziendale. Le tecnologie avanzate stanno rivoluzionando questo settore, consentendo alle imprese di progettare interazioni personalizzate e automatizzate che migliorano sia la soddisfazione del cliente sia l'efficienza operativa.

Un caso significativo è quello di Shopify, che ha implementato soluzioni innovative per aiutare i commercianti a gestire le comunicazioni con i clienti. Strumenti come Shopify Magic sfruttano tecnologie di punta per generare risposte rapide e su misura, agevolando un servizio clienti efficace e garantendo un'esperienza memorabile per gli utenti.

Salesforce, leader nel settore del Customer Relationship Management (CRM), ha sviluppato Einstein GPT, una piattaforma di IA generativa progettata per migliorare la gestione delle relazioni con i clienti. Einstein

GPT assiste in compiti complessi come la gestione dei resi e dei rimborsi, andando oltre la semplice risposta a domande. Questa soluzione automatizza il servizio clienti e supporta le attività di vendita e marketing, consentendo alle aziende di offrire un servizio più efficiente e personalizzato.

L'adozione di chatbot conversazionali avanzati, alimentati dall'IA generativa, sta diventando sempre più comune. Questi chatbot apprendono dinamicamente dal feedback degli utenti, migliorando continuamente le loro risposte e offrendo interazioni più naturali e soddisfacenti. Secondo un rapporto di Zendesk, l'automazione dell'esperienza clienti (Customer Experience Automation, CXA) utilizza l'IA per fornire esperienze rapide, personalizzate e fluide, rendendole più autenticamente umane.

L'IA generativa consente inoltre di creare esperienze personalizzate in tempo reale. Ad esempio, le aziende possono utilizzare l'IA per analizzare le interazioni precedenti di un cliente e offrire raccomandazioni su misura, migliorando la probabilità di conversione e aumentando la fidelizzazione. Un caso studio condotto da una nota azienda di e-commerce ha mostrato che l'utilizzo di contenuti generati dall'IA ha portato a un incremento del 30% nelle vendite rispetto ai testi creati manualmente.

Tuttavia, l'implementazione dell'IA generativa nella customer experience presenta anche sfide. È fondamentale garantire che le interazioni automatizzate mantengano un tocco umano e che i clienti non si sentano alienati da risposte troppo meccaniche. Inoltre, la gestione dei dati dei clienti richiede attenzione per garantire la privacy e la conformità alle normative vigenti.

La trasformazione della customer experience attraverso strumenti avanzati apre nuove opportunità per le aziende, permettendo di automatizzare e personalizzare le interazioni in modo più efficace. Soluzioni come quelle proposte da Shopify e Salesforce dimostrano quanto sia possibile migliorare la soddisfazione del cliente e ottimizzare i processi aziendali. Tuttavia, per ottenere risultati duraturi, è fondamentale integrare queste tecnologie con l'empatia e il tocco umano, oltre a garantire una gestione etica e trasparente dei dati.

Conclusione

Il quarto capitolo ha esplorato come l'IA generativa stia trasformando il business e il marketing, offrendo alle aziende nuovi strumenti per migliorare l'efficienza e creare esperienze personalizzate. Abbiamo analizzato la capacità dell'IA di generare contenuti pubblicitari su misura, con esempi concreti come le campagne video automatizzate di Coca-Cola. I modelli di raccomandazione di piattaforme come Netflix, Amazon e Spotify hanno mostrato come l'IA possa migliorare l'esperienza del cliente attraverso suggerimenti dinamici e contestuali.

Nel copywriting e nella creazione di contenuti, strumenti come Jasper AI e Writesonic stanno rivoluzionando la produzione di testi ottimizzati per il marketing e il SEO, aumentando l'engagement e le conversioni. L'IA generativa sta anche ridefinendo l'analisi dei dati di mercato, trasformando dati grezzi in strategie attuabili attraverso strumenti come OpenAI Codex. Infine, abbiamo visto come l'IA stia migliorando la customer experience tramite chatbot avanzati e automazione personalizzata, con esempi di successo da aziende come Shopify e Salesforce.

Con questa solida panoramica sulle applicazioni dell'IA generativa nel mondo commerciale, il quinto capitolo si concentrerà sull'impatto di queste tecnologie sul lavoro e sulle competenze professionali. Esploreremo le nuove professioni create dall'IA, l'integrazione nei processi creativi e la sua influenza su educazione e formazione. Inoltre, analizzeremo le paure legate alla sostituzione professionale e discuteremo come i professionisti possano adattarsi e crescere in un mondo sempre più guidato dall'IA.

Capitolo 5

Il Futuro del lavoro – opportunità e sfide dell'IA generativa per i professionisti

Nuove professioni create dall'IA generativa

Le macchine hanno superato il ruolo di semplici esecutori, diventando alleate indispensabili nella creazione, nell'innovazione e nella risoluzione di problemi complessi. Ciò che un tempo sembrava appartenere al regno della fantascienza è ora una realtà concreta, resa possibile dall'avanzamento delle tecnologie di Intelligenza Artificiale generativa. Man mano che queste soluzioni si integrano profondamente nel tessuto della nostra vita quotidiana, il panorama lavorativo si trasforma, portando con sé l'emergere di nuove professioni pensate per affrontare le sfide e cogliere le opportunità di un mercato in continua evoluzione.

Una delle figure professionali più recenti è quella del Prompt Designer. Questo ruolo si concentra sulla creazione di istruzioni precise e ottimizzate per i modelli di IA, al fine di ottenere output specifici e di alta qualità. Ad esempio, un Prompt Designer può sviluppare comandi che guidano un modello di linguaggio a generare testi creativi, traduzioni accurate o risposte pertinenti in un chatbot. La crescente domanda per questa professione è evidente: secondo uno studio dell'Osservatorio Assolavoro Datalab, l'1% delle offerte di lavoro analizzate riguarda posizioni legate all'IA, con un aumento significativo nell'ultimo anno.

Parallelamente, emerge la figura del Curatore di Modelli IA. Questi professionisti sono responsabili della selezione, pulizia e gestione dei dati utilizzati per addestrare i modelli di IA. La qualità dei dati è fondamentale per garantire che l'IA produca risultati accurati e privi di bias. Ad esempio, nel settore sanitario, un Curatore di Modelli IA potrebbe assicurarsi che i dati clinici utilizzati per addestrare un modello diagnostico siano rappresentativi di diverse popolazioni, riducendo il rischio di diagnosi errate o discriminatorie.

Un'altra professione emergente è quella dell'Esperto di Supervisione Algoritmica. Con l'adozione diffusa dell'IA, è essenziale monitorare e valutare le decisioni prese dagli algoritmi, garantendo che siano etiche, trasparenti e conformi alle normative vigenti. Questi esperti collaborano con team multidisciplinari per identificare e mitigare potenziali rischi associati all'uso dell'IA. Ad esempio, nel settore finanziario, un Esperto di Supervisione Algoritmica potrebbe analizzare le decisioni prese da un algoritmo di concessione di prestiti, assicurandosi che non vi siano discriminazioni basate su etnia o genere.

La crescente domanda di queste nuove professioni è supportata da dati concreti. Uno studio condotto da Gi Group e Microsoft Italia ha evidenziato un aumento significativo delle offerte di lavoro legate all'IA generativa, con una crescita del 246% nei primi sei mesi del 2024. Questo trend riflette la necessità di competenze specializzate per gestire e ottimizzare l'uso dell'IA nei vari settori.

Per prepararsi a queste nuove opportunità professionali, è fondamentale investire in formazione e aggiornamento continuo. Diverse istituzioni offrono corsi specifici per sviluppare competenze nell'ambito dell'IA generativa. Ad esempio, la Ninja Business School propone un corso avanzato per AI Prompt Designer, che combina teoria e pratica per progettare prompt efficaci. Allo stesso modo, Data Masters offre un corso di AI Prompt Engineering, una guida avanzata per creare prompt efficaci e interagire con i modelli di linguaggio.

L'evoluzione dell'intelligenza artificiale generativa sta rivoluzionando il panorama lavorativo, aprendo la strada a ruoli inediti che richiedono abilità moderne e una mentalità adattabile. Prepararsi a queste trasformazioni significa accogliere un futuro in cui il successo dipenderà dalla capacità di sfruttare appieno la sinergia tra le potenzialità umane e quelle delle macchine, favorendo un'era di innovazione condivisa e di progresso continuo.

Integrazione dell'IA nei processi creativi

Nel cuore pulsante di una metropoli moderna, un team di designer industriali si riunisce attorno a un tavolo, osservando con attenzione un monitor che visualizza una serie di prototipi virtuali. Questi modelli generati da un algoritmo rappresentano soluzioni innovative a problemi di design complessi. In questo scenario, l'IA non sostituisce la creatività umana, ma la amplifica, offrendo nuove prospettive e possibilità.

L'integrazione dell'IA nei processi creativi sta rivoluzionando settori come il design industriale, la pubblicità e l'architettura. Invece di limitarsi a compiti ripetitivi, collabora con i professionisti, accelerando il flusso di lavoro e stimolando l'innovazione. Ad esempio, nel design industriale, strumenti basati sull'IA possono generare rapidamente una vasta gamma di varianti di un prodotto, permettendo ai designer di esplorare opzioni che altrimenti richiederebbero settimane di lavoro manuale.

Un caso emblematico è quello di Adidas, che ha utilizzato l'IA generativa per progettare la suola delle sue scarpe da corsa. L'algoritmo ha analizzato migliaia di design possibili, ottimizzando la struttura per migliorare le prestazioni e il comfort. Questo approccio ha portato alla creazione di prodotti innovativi, riducendo al contempo i tempi di sviluppo.

Nel settore pubblicitario, le tecnologie avanzate permettono di creare contenuti personalizzati su larga scala, rivoluzionando il modo in cui le aziende interagiscono con il pubblico. Le agenzie possono sfruttare algoritmi per sviluppare campagne mirate che si adattano ai gusti e alle esigenze specifiche di ciascun consumatore, migliorando significativamente l'engagement. Un esempio emblematico è rappresentato da Nike, che ha utilizzato l'intelligenza artificiale per generare esperienze pubblicitarie dinamiche. Durante il lancio di una campagna di prodotti personalizzabili, la tecnologia ha creato annunci interattivi che permettevano agli utenti di visualizzare le proprie configurazioni uniche in tempo reale, aumentando la connessione emotiva con il marchio.

In architettura, supporta gli architetti nella progettazione di edifici sostenibili ed efficienti. Analizzando parametri come l'orientamento solare, la ventilazione naturale e l'uso dei materiali, l'IA può suggerire soluzioni progettuali che ottimizzano le prestazioni energetiche e il comfort degli occupanti. Questo approccio non solo accelera il processo di progettazione, ma apre anche nuove possibilità creative.

L'adozione di strumenti tecnologici avanzati nei processi creativi richiede un equilibrio attento tra automazione e intuizione umana. Mentre le macchine sono in grado di analizzare grandi quantità di informazioni e proporre soluzioni innovative, è la prospettiva umana, ricca di sensibilità e contesto, a trasformare queste idee in creazioni autentiche e significative. Per affrontare questa trasformazione, i professionisti devono sviluppare competenze che li rendano capaci di collaborare efficacemente con questi strumenti, valorizzando il proprio contributo creativo e sfruttando al massimo le possibilità offerte dalla tecnologia.

Secondo un rapporto del World Economic Forum, entro il 2025, l'85% delle aziende prevede di adottare tecnologie di IA nei propri processi creativi. Questo trend evidenzia l'importanza crescente dell'IA come strumento di supporto alla creatività umana, piuttosto che come sostituto.

In ultima analisi, le nuove tecnologie stanno rivoluzionando i processi creativi, aprendo orizzonti inediti per l'innovazione e l'efficienza. Il vero valore di questa evoluzione risiede nella capacità dei professionisti di lavorare in sinergia con questi strumenti, preservando al contempo l'intuizione e la sensibilità che rendono uniche le creazioni umane. Solo attraverso questa collaborazione equilibrata si potrà realizzare un futuro in cui il progresso tecnologico e la creatività umana non solo coesistono, ma si potenziano reciprocamente, dando vita a risultati straordinari.

IA generativa in educazione e formazione

Nel panorama lavorativo odierno, caratterizzato da rapidi cambiamenti e innovazioni tecnologiche, l'IA sta emergendo come una risorsa chiave per rivoluzionare l'educazione e la formazione professionale. Le aziende e le istituzioni educative stanno sfruttando questa tecnologia per creare percorsi di apprendimento personalizzati, progettati per colmare lacune di competenze, rispondere alle richieste dei mercati in evoluzione e supportare il reskilling dei lavoratori.

Un esempio significativo è rappresentato da SkillWave, un'iniziativa promossa da Microsoft, progettata per colmare il divario crescente nelle competenze digitali avanzate. Attraverso piattaforme che integrano tecnologie di intelligenza artificiale, il programma offre formazione su temi critici come il machine learning, la gestione dei dati e l'automazione intelligente. In Italia, le statistiche evidenziano che circa nove milioni di lavoratori necessitano di aggiornamenti professionali per restare competitivi, ma meno del 10% delle imprese ha implementato programmi scalabili ed efficaci per affrontare questa sfida. SkillWave si distingue per il suo approccio modulare, che consente ai partecipanti di personalizzare il percorso formativo in base alle proprie esigenze, contribuendo a una maggiore inclusività e accessibilità.

Anche Microsoft Italia, con il suo progetto Ital.IA L.A.B., dimostra come l'IA possa essere utilizzata per sviluppare moduli formativi interattivi e accessibili. Questa piattaforma è progettata per raggiungere un ampio pubblico, inclusi lavoratori in cerca di aggiornamenti, giovani e persone disoccupate, offrendo contenuti in formati flessibili e personalizzabili.

Un aspetto fondamentale dell'IA generativa è la sua capacità di creare percorsi di apprendimento personalizzati. Attraverso algoritmi avanzati, le piattaforme educative come Coursera e edX analizzano il profilo degli studenti, le loro preferenze e le competenze pregresse per suggerire contenuti mirati. Questo approccio non solo rende l'apprendimento più efficace, ma aumenta il coinvolgimento degli utenti, riducendo il rischio di abbandono dei corsi.

Un caso di grande rilevanza è l'applicazione dell'IA generativa nella formazione medica. Strumenti come i simulatori virtuali basati su IA generano scenari clinici realistici per consentire ai medici di esercitarsi su situazioni complesse. Questi ambienti simulati migliorano le capacità pratiche e preparano i professionisti sanitari a gestire meglio le sfide del mondo reale.

Anche l'industria manifatturiera sta traendo vantaggio dall'IA generativa, con programmi di formazione che utilizzano tecnologie immersive. Attraverso realtà virtuale (VR) e aumentata (AR), i lavoratori apprendono abilità tecniche avanzate in ambienti interattivi, riducendo il divario tra teoria e pratica. Ad esempio, alcune aziende del settore automotive stanno addestrando i dipendenti all'assemblaggio e alla manutenzione di veicoli elettrici utilizzando simulazioni avanzate basate sull'IA.

L'IA generativa ha inoltre un impatto significativo nel settore della formazione aziendale continua. Molte imprese stanno adottando strumenti che utilizzano IA per progettare programmi di reskilling, identificando automaticamente le competenze necessarie per i ruoli futuri. Questo approccio consente alle aziende di essere proattive, preparandosi ai cambiamenti del mercato e garantendo che la loro forza lavoro rimanga competitiva. Secondo uno studio del World Economic Forum, il 50% dei dipendenti globali avrà bisogno di riqualificazione entro il 2025, un dato che evidenzia l'importanza cruciale di questi programmi.

L'IA generativa si rivela utile anche nel miglioramento della linguistica e delle soft skills, che spesso sono trascurate nei percorsi di formazione tecnica. Attraverso chatbot avanzati, gli studenti possono praticare conversazioni in altre lingue o simulare interazioni aziendali complesse, perfezionando le loro abilità di comunicazione in contesti realistici.

Le scuole e le università stanno inoltre integrando l'IA nei loro curricula per preparare gli studenti al mondo del lavoro. Ad esempio, programmi di studio che includono l'uso di modelli generativi nei settori della programmazione, della creatività digitale e dell'ingegneria stanno emergendo in tutto il mondo. Questi corsi non solo forniscono competenze tecniche essenziali, ma stimolano anche il pensiero critico, promuovendo l'innovazione.

Nonostante le promettenti opportunità, l'introduzione di tecnologie avanzate nei processi formativi non è priva di ostacoli. Una delle problematiche più rilevanti riguarda la qualità dei dati utilizzati per alimentare i modelli, poiché dataset incompleti o sbilanciati possono introdurre distorsioni che ne compromettono l'efficacia. A ciò si aggiunge la necessità di infrastrutture tecnologiche adeguate e di un corpo docente adeguatamente preparato a sfruttare queste soluzioni, una sfida particolarmente rilevante per le istituzioni nei paesi meno sviluppati.

Un'altra questione importante riguarda il bilanciamento tra l'automazione fornita dalle tecnologie avanzate e il ruolo insostituibile dell'educatore umano. Sebbene queste soluzioni possano rappresentare un supporto cruciale, il tocco umano resta essenziale per garantire un apprendimento che sia non solo efficace, ma anche empatico e ricco di significato.

Le tecnologie generative, nonostante le sfide, stanno trasformando profondamente il panorama educativo. Aziende e istituzioni che adottano queste innovazioni nei loro programmi formativi possono non solo ottimizzare i processi di apprendimento, ma anche contribuire a costruire una forza lavoro più flessibile, preparata e creativa a livello globale.

Sfide e paure di sostituzione professionale

Con il rapido avanzamento dei sistemi di creazione automatica, molti lavoratori temono che le macchine possano sostituirli, rendendo superflue le loro competenze. Sebbene queste paure siano fondate in alcuni settori, in altri l'IA viene vista come una potente alleata, capace di migliorare il lavoro umano piuttosto che eliminarlo. Analizzare le dinamiche di sostituzione e collaborazione tra uomo e macchina è fondamentale per comprendere le reali implicazioni di questa trasformazione tecnologica.

Nel settore manifatturiero e della produzione di massa, l'automazione è da tempo una forza trainante per l'efficienza. L'IA generativa amplifica questa tendenza, consentendo alle macchine non solo di eseguire compiti ripetitivi, ma anche di adattarsi autonomamente a nuove situazioni. Ad esempio, sistemi avanzati come quelli impiegati da aziende automobilistiche utilizzano gli algoritmi generativi per ottimizzare il design delle linee di produzione e per monitorare le prestazioni in tempo reale. Questo porta a una riduzione della necessità di operatori umani in ruoli tradizionali. Uno studio del World Economic Forum ha stimato che, entro il 2025, 85 milioni di posti di lavoro in tutto il mondo potrebbero essere eliminati a causa dell'automazione, con una concentrazione significativa nei settori industriali. Tuttavia, lo stesso rapporto prevede la creazione di 97 milioni di nuove posizioni lavorative legate a tecnologie emergenti, evidenziando un netto riequilibrio occupazionale.

Nel contesto dei servizi, i chatbot alimentati dall'IA stanno sostituendo ruoli di primo contatto nei call center e nel customer service. Questi sistemi possono rispondere a migliaia di richieste contemporaneamente, eliminando i tempi di attesa e migliorando l'efficienza complessiva. Tuttavia, il lato umano rimane cruciale per risolvere problemi complessi o emotivi. Secondo un sondaggio condotto da Gartner nel 2023, il 67% dei consumatori preferisce ancora l'interazione umana per richieste delicate, un dato che evidenzia come il futuro del lavoro richiederà un'integrazione tra automazione e competenze umane.

In settori come la sanità, l'IA è percepita non come una minaccia ma come un complemento. Sistemi come quelli impiegati da IBM Watson Health analizzano enormi quantità di dati clinici per identificare schemi e proporre diagnosi più accurate, lasciando ai medici il compito di interpretare questi risultati e prendere decisioni finali. Un rapporto di McKinsey ha sottolineato che, mentre il 35% delle mansioni nel settore sanitario potrebbe essere automatizzato, la richiesta di competenze umane come l'empatia e la capacità di prendere decisioni critiche continuerà a crescere.

Anche l'educazione beneficia dell'IA generativa, che offre strumenti per personalizzare i percorsi di apprendimento. Tuttavia, la figura dell'insegnante rimane insostituibile nel ruolo di guida e mentore. Le piattaforme di apprendimento adattivo, come quelle utilizzate da Khan Academy, combinano le capacità dell'IA con il supporto umano per creare un'esperienza educativa bilanciata. Questo modello di collaborazione tra umano e macchina può essere esteso a molti altri settori.

Un'altra paura legata all'IA riguarda i bias e la trasparenza delle decisioni automatizzate. Ad esempio, gli algoritmi utilizzati nel settore bancario per valutare l'affidabilità creditizia possono amplificare pregiudizi se non vengono supervisionati adeguatamente. Questo mette in luce la necessità di professionisti specializzati nella supervisione algoritmica, un nuovo ruolo che sta emergendo proprio in risposta a queste sfide.

Non tutti i settori, però, vedono l'IA come una minaccia. In campi come la creatività digitale e il design, viene utilizzata per ampliare le possibilità artistiche, generando idee e spunti che altrimenti potrebbero non essere considerati. Ad esempio, designer e pubblicitari utilizzano strumenti come MidJourney o DALL·E per creare prototipi rapidi, pur mantenendo il controllo creativo finale. Questo dimostra che l'automazione non sempre sostituisce l'uomo, ma può invece potenziarne il lavoro.

In una prospettiva più ampia, la paura della sostituzione professionale evidenzia l'importanza della formazione continua e del reskilling. Secondo il World Economic Forum, il 50% dei lavoratori globali avrà bisogno di aggiornare le proprie competenze entro il 2025 per rimanere rilevante nel mercato del lavoro. Programmi come quelli lanciati da Google e Microsoft, che offrono percorsi formativi gratuiti in ambiti tecnologici, stanno aiutando i professionisti a colmare il divario tra le competenze attuali e quelle richieste.

L'impatto dell'IA generativa sul lavoro dipende quindi dalla capacità di gestire la transizione. Mentre settori come la produzione di massa potrebbero vedere una riduzione del personale, altri ambiti, come la sanità, l'educazione e il design, offrono esempi di come la tecnologia possa essere un motore di collaborazione piuttosto che di sostituzione. Riconoscere i rischi e cogliere le opportunità sarà fondamentale per costruire un futuro del lavoro in cui l'IA e l'umanità possano prosperare insieme.

Adattamento e crescita professionale con l'IA

L'introduzione delle tecnologie generative ha rivoluzionato il panorama professionale, richiedendo un adattamento che passa attraverso lo sviluppo di competenze ibride. La combinazione di abilità tecniche con soft skills quali empatia, creatività e pensiero critico diventa fondamentale. Questo equilibrio non solo garantisce la centralità dei lavoratori, ma consente loro di eccellere in un mercato sempre più dominato dalla tecnologia e dalla connettività.

Secondo un rapporto del McKinsey Global Institute, l'automazione e l'intelligenza artificiale stanno trasformando il mercato del lavoro, richiedendo ai lavoratori di sviluppare nuove competenze per rimanere competitivi. In particolare, le competenze cognitive avanzate, le abilità sociali ed emotive e le competenze tecnologiche saranno sempre più richieste. Questo cambiamento implica non solo l'acquisizione di nuove competenze tecniche, ma anche un potenziamento delle capacità umane che le macchine non possono replicare. Le soft skills, infatti, giocano un ruolo fondamentale nei contesti professionali, soprattutto nei settori in cui il contatto umano e il giudizio critico sono imprescindibili.

Un esempio lampante è il settore sanitario. Strumenti avanzati di IA come IBM Watson Health sono utilizzati per analizzare dati clinici complessi e supportare i medici nella diagnosi. Tuttavia, nessuna tecnologia può sostituire l'empatia e la capacità di un medico di costruire un rapporto di fiducia con i pazienti. Qui si evidenzia l'importanza delle competenze ibride: la tecnologia analizza i dati, mentre il professionista umano utilizza il proprio giudizio e la propria sensibilità per fornire cure personalizzate.

Un altro caso è rappresentato dall'industria creativa. Designer e pubblicitari usano strumenti come DALL·E e MidJourney per creare prototipi visivi o grafiche promozionali in tempi record. Tuttavia, è l'intuizione umana a trasformare un'idea generata dall'IA in un progetto autentico e rilevante per il pubblico. Questo equilibrio tra automazione e creatività umana sottolinea l'importanza di competenze trasversali.

Le competenze ibride sono fondamentali anche nei ruoli legati alla gestione dei dati. Analisti finanziari, ad esempio, utilizzano l'IA per identificare tendenze di mercato e prevedere fluttuazioni economiche. Tuttavia, la capacità di interpretare criticamente questi dati e tradurli in strategie concrete è una qualità esclusivamente umana. Secondo una ricerca di McKinsey, il 39% delle aziende che adottano l'IA ha riportato un miglioramento significativo nei processi decisionali grazie alla combinazione di tecnologia avanzata e giudizio umano.

Per favorire lo sviluppo di competenze ibride, molte aziende stanno investendo in programmi di formazione continua e mentorship. Google, ad esempio, ha lanciato un'iniziativa globale di reskilling che combina corsi tecnici sull'IA con workshop dedicati al potenziamento di soft skills come la leadership e la comunicazione. Analogamente, LinkedIn Learning offre moduli formativi che integrano competenze analitiche con strumenti per migliorare la collaborazione e l'intelligenza emotiva nei team.

Le piattaforme educative stanno inoltre personalizzando l'apprendimento grazie all'IA generativa. Ad esempio, Coursera utilizza algoritmi per suggerire corsi su misura per ogni studente, in base alle sue competenze attuali e agli obiettivi futuri. Questo approccio personalizzato non solo migliora i risultati dell'apprendimento, ma motiva i lavoratori a impegnarsi nella loro crescita professionale.

Il potenziale delle competenze ibride non si limita ai ruoli individuali, ma si estende anche alla gestione aziendale. I leader di oggi devono essere in grado di comprendere le capacità dell'IA e utilizzarle per guidare l'innovazione, mantenendo al contempo una visione strategica umana. La capacità di comunicare efficacemente, costruire relazioni e risolvere problemi complessi è ciò che distingue un manager di successo in un contesto tecnologico avanzato.

I casi studio dimostrano che questa combinazione di abilità porta risultati tangibili. Un esempio significativo è rappresentato da un'azienda tecnologica che ha implementato un sistema di IA per ottimizzare i processi di produzione. Mentre l'IA generava soluzioni basate sui dati, i team umani intervenivano per adattarle alle specificità culturali e di mercato, ottenendo un incremento del 20% nella produttività senza sacrificare l'unicità del prodotto.

Nonostante i vantaggi, esistono anche sfide legate all'adozione di competenze ibride. Una di queste è la difficoltà di bilanciare l'apprendimento delle competenze tecniche con lo sviluppo delle soft skills, soprattutto in contesti aziendali dove il tempo e le risorse sono limitati. Per affrontare questo problema, molte organizzazioni stanno adottando un approccio integrato alla formazione, che include simulazioni reali e mentorship interattive.

Un altro ostacolo è rappresentato dalla percezione di alcune figure professionali che temono di essere sostituite dalla tecnologia. In realtà, l'evoluzione dei ruoli lavorativi dimostra che l'IA non elimina posti di lavoro, ma li trasforma, creando opportunità in settori emergenti. La chiave sta nell'accettare il cambiamento e nel vedere l'IA come uno strumento che amplifica le capacità umane.

Il futuro del lavoro non si limita all'adattamento ai progressi tecnologici, ma richiede la capacità di collaborare efficacemente con la tecnologia per raggiungere risultati straordinari. Le competenze ibride rappresentano il punto di incontro tra le potenzialità dell'intelligenza artificiale e il talento umano, creando un equilibrio che valorizza sia i professionisti che le aziende in un contesto sempre più competitivo e in rapida evoluzione.

Conclusione

Il quinto capitolo ha analizzato l'influenza dell'IA generativa sul panorama lavorativo, evidenziando sia le opportunità che le sfide associate a questa tecnologia. Dalla nascita di professioni innovative, come i curatori di modelli e i designer di prompt, all'applicazione nei processi creativi, è emerso come la sinergia tra uomo e macchina stia ridefinendo i ruoli tradizionali e aprendo nuove prospettive nel mercato professionale.

Il capitolo ha esaminato in dettaglio il ruolo della tecnologia nell'educazione e nella formazione, evidenziando come le piattaforme intelligenti stiano rendendo l'apprendimento più personalizzato e favorendo la riqualificazione dei lavoratori. Sono state affrontate le preoccupazioni legate alla perdita di posti di lavoro, mostrando che, sebbene l'automazione possa avere impatti negativi in alcuni ambiti, in altri, come la sanità e l'istruzione, l'intelligenza artificiale rappresenta un supporto fondamentale. Inoltre, l'analisi delle competenze ibride ha sottolineato l'importanza di unire capacità tecniche e soft skills, dimostrando che il futuro del lavoro sarà definito dalla collaborazione tra esseri umani e tecnologie avanzate, piuttosto che dalla contrapposizione.

Il sesto capitolo affronterà il complesso tema dell'etica e della responsabilità legate all'uso dell'intelligenza artificiale generativa. Verranno analizzate questioni fondamentali, come il riconoscimento del merito creativo e la protezione della privacy, insieme ai rischi associati ai bias e alla scarsa trasparenza dei modelli. Si esploreranno anche le risposte istituzionali e le normative emergenti, oltre al ruolo dei creatori di queste tecnologie nel promuovere un utilizzo equo e sostenibile. Questo approfondimento offrirà l'opportunità di riflettere non solo sulle modalità di utilizzo dell'intelligenza artificiale, ma anche su come farlo in modo consapevole e responsabile.

Capitolo 6

Etica e responsabilità nell'uso dell'IA generativa

Attribuzione della creatività e del merito

Nel 2018, un'opera d'arte chiamata "Portrait of Edmond de Belamy", creata utilizzando un algoritmo di IA, venne venduta all'asta per 432.500 dollari. Questo evento generò scalpore non tanto per il valore monetario, quanto per le domande che sollevò: chi è il vero autore dell'opera? Il team di sviluppatori che ha addestrato l'algoritmo? L'algoritmo stesso? Oppure nessuno?

La questione dell'attribuzione del merito nelle opere generate dall'IA è uno dei dilemmi più complessi nell'era della creatività automatizzata. A differenza delle opere tradizionali, dove il contributo umano è evidente, qui il processo creativo è spesso condiviso tra un creatore umano che fornisce input e un algoritmo che genera l'output. Ma chi possiede i diritti?

Le legislazioni attuali offrono risposte frammentarie. Ad esempio, in Italia, il diritto d'autore tutela esclusivamente opere di ingegno umano. Questo significa che, in assenza di un coinvolgimento diretto di una persona, l'opera generata dall'IA non può essere protetta. Una posizione simile è adottata negli Stati Uniti, dove l'Ufficio del Copyright ha stabilito che le creazioni prive di un contributo umano significativo non possono essere registrate come opere protette. Questa interpretazione è stata ribadita in una sentenza del 2023 che riguardava un'immagine generata interamente da un algoritmo di IA senza supervisione umana.

Uno dei casi più emblematici è quello di Stephen Thaler, il creatore del sistema "Creativity Machine", che ha tentato di registrare opere generate dal suo algoritmo attribuendone la paternità all'IA stessa. Le autorità competenti negli Stati Uniti e nel Regno Unito hanno respinto la richiesta, sottolineando che il diritto d'autore richiede un elemento di creatività umana. Questo caso ha sollevato un dibattito globale sulla necessità di rivedere le leggi sul copyright per adattarle alle nuove realtà tecnologiche.

Un altro aspetto controverso riguarda i dati utilizzati per addestrare i modelli di IA. Molti sistemi generativi, come MidJourney e DALL·E, si basano su dataset che includono immagini, testi e musiche spesso protette da copyright. Ad esempio, Getty Images ha intentato una causa contro Stability AI per aver utilizzato milioni di immagini protette senza autorizzazione. Questa disputa ha portato alla luce il problema dell'origine dei dati utilizzati per la creazione di opere IA e della loro implicazione legale.

Le implicazioni di queste questioni non sono solo legali, ma anche culturali e filosofiche. La creatività è sempre stata considerata un'espressione unica dell'essere umano, un prodotto dell'intelletto e delle emozioni. Tuttavia, l'IA generativa sfida questa visione tradizionale. Se un algoritmo può produrre opere che suscitano emozioni e riflessioni, come cambia la nostra percezione dell'arte e della creatività?

Nel 2022, un'opera generata da MidJourney vinse un concorso d'arte digitale negli Stati Uniti, suscitando una reazione mista. Mentre alcuni elogiavano l'innovazione, altri sollevavano dubbi sull'equità della competizione, sostenendo che l'opera non dovesse essere ammessa poiché creata con l'ausilio di un algoritmo. Questo evento ha sollevato ulteriori domande su come regolamentare l'uso dell'IA nelle competizioni creative e su come definire il confine tra il lavoro umano e quello algoritmico.

Alcuni esperti propongono di introdurre una nuova categoria legale per le opere generate dall'IA, che riconosca il ruolo dell'umano che fornisce i prompt o supervisiona il processo creativo. Un approccio innovativo è quello di OpenAI, che attribuisce i diritti di proprietà delle opere generate ai creatori dei prompt, sottolineando il loro contributo nell'orientare il processo creativo dell'IA. Questo modello, però, non risolve il problema dell'origine dei dati e della loro legalità.

Sul fronte legislativo, l'Unione Europea sta lavorando per affrontare queste sfide. Il nuovo regolamento sull'IA (AI Act) include disposizioni per garantire la trasparenza e l'uso responsabile dei dati, ma lascia ancora molte aree grigie quando si tratta di attribuzione del merito. Negli Stati Uniti, invece, il dibattito è ancora frammentato, con iniziative a livello statale che cercano di colmare il vuoto normativo.

Le implicazioni economiche sono altrettanto rilevanti. L'IA generativa potrebbe ridurre i costi di produzione nel settore creativo, ma rischia di penalizzare gli artisti umani, che non possono competere con la velocità e l'efficienza delle macchine. Questo ha portato molti artisti a chiedere maggiore tutela e riconoscimento per il loro lavoro, soprattutto quando i loro contenuti vengono utilizzati per addestrare modelli generativi senza autorizzazione.

Mentre il dibattito continua, una cosa è chiara: l'attribuzione del merito nelle opere create dall'IA è una questione che richiede una revisione normativa e una riflessione culturale profonda. Con l'avanzare della tecnologia, la definizione di creatività e il riconoscimento dell'autore dovranno evolversi per affrontare le nuove sfide poste dall'intelligenza artificiale.

Privacy e gestione dei dati

Nel 2023, un artista digitale scoprì che alcune delle sue opere erano state utilizzate senza consenso per addestrare un modello di intelligenza artificiale generativa. Questa rivelazione sollevò interrogativi sulla privacy e sulla gestione dei dati nel settore creativo e commerciale. L'IA generativa, per funzionare efficacemente, richiede vasti dataset, spesso raccolti da fonti online senza il consenso degli autori originali. Questo processo pone questioni etiche e legali riguardo all'uso non autorizzato di contenuti protetti da copyright e alla violazione della privacy.

Un caso significativo che illustra le tensioni tra innovazione tecnologica e protezione dei diritti d'autore è quello che ha coinvolto il fotografo statunitense Art Drauglis. Nel 2007, Drauglis ha caricato su Flickr una fotografia intitolata "Swain's Lock, Montgomery Co., MD.", concedendola sotto licenza Creative Commons Attribution-ShareAlike 2.0 Generic (CC BY-SA 2.0). Successivamente, la Kappa Map Group ha utilizzato questa immagine come copertina per il loro "Montgomery Co. Maryland Street Atlas" senza compensare economicamente l'autore, ma attribuendogli correttamente la paternità dell'opera. Drauglis ha intentato una causa per violazione del copyright e della licenza, sostenendo che l'uso commerciale dell'immagine richiedeva ulteriori autorizzazioni. Tuttavia, il tribunale ha stabilito che l'uso dell'immagine rientrava nei termini della licenza CC BY-SA 2.0, poiché l'attribuzione era stata correttamente fornita e l'opera non era stata modificata. Questo caso evidenzia l'importanza di comprendere le implicazioni delle licenze Creative Commons e come esse influenzino l'uso commerciale delle opere protette da copyright.

La raccolta indiscriminata di dati da fonti online, pratica nota come "web scraping", è al centro di queste problematiche. Molti modelli di IA generativa vengono addestrati su dataset ottenuti attraverso il web scraping, che spesso include informazioni personali e opere protette da copyright. Questo metodo di raccolta dati può violare le normative sulla protezione dei dati, come il Regolamento Generale sulla Protezione dei Dati (GDPR) dell'Unione Europea.

Il GDPR, entrato in vigore nel 2018, stabilisce che i dati personali devono essere raccolti e trattati in modo lecito, equo e trasparente. L'uso di dati personali senza consenso per addestrare modelli di IA può violare questi principi. Inoltre, il GDPR riconosce il diritto degli individui all'oblio, permettendo loro di richiedere la cancellazione dei propri dati. Tuttavia, una volta che i dati sono stati utilizzati per addestrare un modello di IA, diventa complesso rimuovere tali informazioni dal modello stesso.

In risposta a queste sfide, sono emerse iniziative per regolamentare l'uso dei dati nell'IA generativa. L'Unione Europea sta sviluppando l'AI Act, una normativa che mira a stabilire regole armonizzate sull'intelligenza artificiale, affrontando anche le questioni relative alla privacy e alla gestione dei dati. Questo regolamento prevede che i sistemi di IA ad alto rischio, inclusi quelli che trattano dati personali, siano soggetti a requisiti rigorosi di trasparenza e responsabilità.

Parallelamente, alcune piattaforme hanno iniziato a rimuovere dataset non autorizzati utilizzati per addestrare modelli di IA. Ad esempio, nel 2024, un noto repository di dataset ha eliminato una raccolta di immagini dopo che gli autori originali hanno sollevato preoccupazioni sull'uso non consensuale delle loro opere. Questo indica una crescente consapevolezza e responsabilità nell'uso dei dati per l'addestramento dell'IA.

Per affrontare queste problematiche, è essenziale che le aziende e gli sviluppatori di IA adottino pratiche etiche nella raccolta e nell'uso dei dati. Ciò include ottenere il consenso degli autori originali, rispettare le normative sulla protezione dei dati e garantire la trasparenza nel processo di addestramento dei modelli. Inoltre, è fondamentale sviluppare tecniche che permettano di addestrare modelli di IA utilizzando dati sintetici o anonimi, riducendo così il rischio di violazioni della privacy.

La gestione della privacy e dei dati nell'ambito dell'intelligenza artificiale generativa pone sfide intricate, richiedendo un delicato bilanciamento tra progresso tecnologico e tutela dei diritti individuali. Per favorire uno sviluppo responsabile e sostenibile di queste tecnologie, è essenziale definire un quadro normativo solido e promuovere pratiche etiche che proteggano gli interessi delle persone senza ostacolare l'innovazione.

Trasparenza e bias nei modelli di IA

Nel 2023, un noto sistema di intelligenza artificiale generativa fu al centro di una controversia quando generò immagini che raffiguravano stereotipi di genere e razziali. Questo episodio evidenziò come i bias presenti nei dati di addestramento possano influenzare negativamente i contenuti prodotti dall'IA, sollevando preoccupazioni etiche e sociali.

I bias nei modelli di IA derivano spesso dai dati su cui vengono addestrati. Se un dataset contiene pregiudizi o rappresentazioni distorte, l'IA tende a replicarli nei suoi output. Ad esempio, se un modello viene addestrato su immagini che raffigurano professionisti maschi in ruoli tecnici e femmine in ruoli assistenziali, potrebbe perpetuare questi stereotipi nelle sue generazioni future.

Per affrontare le complesse problematiche legate ai bias nei modelli di intelligenza artificiale, sono state sviluppate soluzioni tecniche e metodologiche che mirano a garantire un utilizzo più equo e responsabile di queste tecnologie. Una delle strategie chiave è l'auditing dei modelli, un processo che analizza sia i dati di input che gli output generati, con l'obiettivo di individuare e correggere eventuali distorsioni. Questo tipo di controllo inizia dalla verifica della rappresentatività dei dataset utilizzati per l'addestramento, assicurandosi che includano una varietà di demografie e contesti culturali per evitare approcci limitanti o escludenti.

Un ulteriore passo consiste nel testare l'equità del sistema, valutando la presenza di discriminazioni nei risultati prodotti e adottando metriche specifiche per individuare e correggere eventuali disuguaglianze. Questo processo non si limita ai dati: include anche l'analisi degli scenari in cui l'intelligenza artificiale viene utilizzata, prevedendo possibili impatti negativi e implementando soluzioni preventive per ridurre i rischi.

Un altro aspetto cruciale è la trasparenza. Rendere comprensibili i processi decisionali dei modelli di IA non solo rafforza la fiducia degli utenti, ma contribuisce anche a identificare e risolvere eventuali problematiche. Questo implica l'impiego di tecniche che permettono di interpretare le decisioni dell'IA, chiarendo come e perché un determinato risultato è stato generato.

Infine, la verifica dell'autenticità dei risultati rappresenta un elemento fondamentale, soprattutto in applicazioni critiche. L'obiettivo non è solo garantire che i contenuti prodotti siano accurati, ma anche che non siano stati manipolati o falsificati in modi che possano compromettere la fiducia o l'integrità del sistema.

Tutte queste misure si intrecciano in un approccio integrato che pone l'accento su una gestione consapevole e responsabile dell'intelligenza artificiale, bilanciando innovazione e responsabilità etica per massimizzare i benefici riducendo al minimo i rischi.

Un esempio concreto di auditing è rappresentato dall'implementazione di strumenti che consentono agli utenti di esplorare il comportamento del modello in modo interattivo, facilitando una migliore comprensione e controllo. Ad esempio, il Learning Interpretability Tool (LIT) è una piattaforma visiva e interattiva progettata per aiutare ricercatori e professionisti a comprendere, visualizzare ed eseguire il debug dei modelli di machine learning. LIT supporta testo, immagini e dati tabulari, rendendolo versatile per vari tipi di analisi.

Oltre all'auditing, un approccio emergente è lo sviluppo di "modelli etici" progettati per limitare la generazione di contenuti offensivi o discriminatori. Questi modelli integrano filtri e controlli che impediscono la produzione di output che violano determinati standard etici o culturali. Ad esempio, un modello etico potrebbe essere programmato per evitare la generazione di immagini o testi che perpetuano stereotipi negativi o che contengono linguaggio offensivo.

Tuttavia, la creazione di modelli etici presenta sfide significative. Definire cosa costituisce un contenuto offensivo o discriminatorio può variare tra diverse culture e contesti, rendendo complesso stabilire criteri universali. Inoltre, l'implementazione di filtri troppo restrittivi potrebbe limitare la creatività e l'innovazione, mentre filtri troppo permissivi potrebbero non prevenire adeguatamente la generazione di contenuti problematici.

Per affrontare queste sfide, è essenziale coinvolgere diverse parti interessate nel processo di sviluppo e auditing dei modelli di IA, inclusi esperti di etica, rappresentanti di diverse comunità e utenti finali. Questo approccio collaborativo può aiutare a identificare e mitigare i bias in modo più efficace, garantendo che i modelli di IA siano equi e rispettosi delle diverse sensibilità culturali.

Per garantire che le tecnologie basate sull'intelligenza artificiale abbiano un impatto positivo sulla società, è essenziale affrontare con determinazione il tema della trasparenza e del controllo dei bias. Attraverso l'adozione di rigorose pratiche di auditing e la progettazione di modelli guidati da principi etici, si possono mitigare i rischi legati alle distorsioni nei dati e promuovere un utilizzo responsabile e inclusivo dell'intelligenza artificiale generativa.

Regolamentazione e risposta istituzionale

Nel 2024, l'Unione Europea ha introdotto un passo storico nella regolamentazione tecnologica con l'adozione dell'AI Act, il primo quadro normativo globale progettato per disciplinare l'applicazione dell'intelligenza artificiale. Questo regolamento punta a garantire che i sistemi utilizzati nel mercato europeo rispettino standard di sicurezza rigorosi e proteggano i diritti fondamentali e i valori chiave dell'UE.

L'AI Act suddivide i sistemi di intelligenza artificiale in categorie basate sul livello di rischio associato al loro utilizzo, con requisiti particolarmente severi per quelli definiti ad alto rischio. Ad esempio, le applicazioni nell'ambito della selezione del personale, dell'istruzione o dell'accesso ai servizi essenziali devono soddisfare criteri di conformità estremamente rigorosi. Questo approccio riflette la volontà dell'Unione Europea di garantire un equilibrio tra progresso tecnologico e tutela dei diritti dei cittadini.

In contrasto, gli Stati Uniti hanno adottato un approccio più permissivo, basato su linee guida volontarie e autoregolamentazione da parte dell'industria. Sebbene siano state proposte diverse iniziative legislative a livello federale e statale, al momento non esiste una normativa unificata che disciplini l'uso dell'IA. Questo approccio mira a promuovere l'innovazione e la competitività, ma solleva preoccupazioni riguardo alla protezione dei consumatori e alla gestione dei rischi associati all'IA.

73

La Cina, dal canto suo, ha intrapreso un percorso di regolamentazione che combina controllo statale e promozione dell'innovazione. Nel 2024, il governo cinese ha annunciato l'intenzione di implementare oltre cinquanta nuove norme per l'IA entro il 2026, con l'obiettivo di diventare una potenza mondiale nel settore entro il 2030.

Queste leggi puntano a regolamentare lo sviluppo e l'adozione dell'intelligenza artificiale, promuovendo sicurezza, inclusività ed equità. Tuttavia, le diverse normative tra regioni rischiano di frammentare il mercato globale, creando sfide significative per le aziende internazionali. Operare in diverse giurisdizioni può comportare costi elevati e complessità nel soddisfare regolamenti spesso contrastanti. Per esempio, un sistema di IA conforme agli standard europei potrebbe non rispettare le normative vigenti in Cina o negli Stati Uniti, riducendo la possibilità di un'applicazione uniforme su scala globale.

Ci sono anche casi in cui le normative hanno agevolato l'espansione dell'intelligenza artificiale. In Europa, l'AI Act stabilisce regole definite, contribuendo a rafforzare la fiducia di consumatori e aziende e incentivando così l'adozione delle tecnologie innovative. Similmente, in Cina, nonostante le rigide disposizioni, le linee guida dettagliate offrono un percorso strutturato che favorisce lo sviluppo e la diffusione dell'IA su larga scala.
Per mitigare i rischi di frammentazione, sono in corso discussioni a livello internazionale per armonizzare le normative sull'IA. Organizzazioni come l'OCSE e il G20 stanno lavorando per sviluppare principi e standard comuni che possano guidare l'adozione responsabile dell'IA a livello globale. Questi sforzi mirano a creare un ambiente normativo coerente che faciliti l'innovazione, proteggendo al contempo i diritti e la sicurezza dei cittadini.

La regolamentazione dell'intelligenza artificiale continua a evolversi rapidamente, con approcci distinti che riflettono le priorità di ciascuna regione. L'Unione Europea, attraverso l'AI Act, punta su un modello precauzionale, mentre gli Stati Uniti preferiscono strategie di autoregolamentazione e la Cina combina un rigido controllo statale con politiche volte a stimolare l'innovazione. Queste divergenze rappresentano una sfida significativa per le aziende che operano su scala globale, evidenziando la necessità di iniziative congiunte per armonizzare le normative internazionali e facilitare l'adozione responsabile dell'IA.

Responsabilità etica dei creatori di IA

Nel 2024, OpenAI ha annunciato la creazione di un comitato indipendente dedicato alla sicurezza e all'etica, con l'obiettivo di monitorare le pratiche di sviluppo dei suoi modelli di intelligenza artificiale. Questa iniziativa sottolinea la crescente consapevolezza dell'importanza di adottare approcci responsabili nello sviluppo tecnologico. Tuttavia, affrontare queste responsabilità pone sfide etiche significative, che devono essere considerate lungo tutto il ciclo di vita di un modello.

Una delle questioni più critiche è la scelta dei dataset per l'addestramento, poiché la qualità e l'origine dei dati influiscono direttamente sul comportamento dei sistemi generativi. Molti dataset contengono pregiudizi culturali o di genere e, talvolta, includono contenuti raccolti senza consenso. Un esempio emblematico riguarda Stability AI, accusata di utilizzare immagini protette da copyright per addestrare i propri sistemi, sollevando interrogativi legali ed etici. Per questo motivo, le aziende devono trovare un equilibrio tra la necessità di dati sufficienti per sviluppare modelli avanzati e il rispetto dei diritti degli autori e dei creatori.

La trasparenza degli algoritmi rappresenta un altro nodo cruciale. Gli utenti si trovano spesso di fronte a sistemi che generano risultati senza una spiegazione chiara del processo decisionale, alimentando diffidenza e dubbi sulla responsabilità in caso di errori o conseguenze negative. Per affrontare questa opacità, alcune aziende stanno sviluppando strumenti per rendere i sistemi più comprensibili. Google, ad esempio, ha introdotto Explainable AI, progettato per chiarire i meccanismi decisionali dei modelli di apprendimento automatico. Tuttavia, bilanciare la complessità tecnologica con l'esigenza di trasparenza resta una sfida non ancora risolta.

Un altro aspetto fondamentale è la responsabilità per i contenuti generati dai modelli. Quando un sistema produce risultati problematici, come contenuti falsi o offensivi, chi dovrebbe risponderne? Nel 2023, un modello generativo ha diffuso notizie false, causando danni reputazionali significativi a un'azienda. Per evitare episodi simili, molte imprese stanno implementando meccanismi di controllo che limitano la generazione di contenuti sensibili o dannosi. OpenAI, ad esempio, ha introdotto filtri specifici per mitigare questi rischi, anche se l'efficacia di tali soluzioni è ancora oggetto di discussione.

Di fronte a queste problematiche, diverse aziende stanno adottando strategie innovative. Una pratica emergente è l'auditing indipendente, che prevede una revisione esterna delle fasi di sviluppo e implementazione per identificare rischi e lacune. Partnership on AI, un consorzio globale che coinvolge aziende tecnologiche, accademici e organizzazioni non-profit, rappresenta un esempio di collaborazione volta a promuovere standard etici nel settore.

Un altro approccio consiste nella pubblicazione di linee guida etiche integrate nei processi aziendali. Microsoft, per esempio, ha sviluppato un codice che include principi come equità, trasparenza e responsabilità, garantendo che ogni fase dello sviluppo consideri le implicazioni etiche. Tuttavia, molte aziende di dimensioni più ridotte, spesso con risorse limitate, trovano difficile adottare misure simili, evidenziando la necessità di standard internazionali condivisi.

Queste sfide diventano ancora più complesse a causa delle differenze normative tra le varie regioni. Negli Stati Uniti, l'autoregolamentazione è il modello prevalente, affidando alle aziende il compito di stabilire standard interni. Al contrario, l'Europa, attraverso l'AI Act, impone regole rigide per garantire che i sistemi rispettino diritti e valori fondamentali. Tali discrepanze creano difficoltà per le aziende che operano a livello globale, costrette a navigare tra requisiti spesso divergenti.

Un elemento positivo è l'aumento della pressione sociale. Consumatori e organizzazioni della società civile stanno chiedendo maggiore trasparenza e responsabilità alle aziende, spingendo molti creatori di tecnologie a migliorare le loro pratiche anche in assenza di vincoli normativi stringenti.

Affrontare la questione della responsabilità etica, però, richiede più di semplici soluzioni tecniche. È necessario un cambiamento culturale all'interno delle organizzazioni, affinché considerino l'impatto delle loro tecnologie non solo in termini economici, ma anche sociali ed etici. Il futuro dell'intelligenza artificiale dipenderà dalla capacità dei suoi creatori di trovare un equilibrio tra progresso e responsabilità, garantendo che i benefici siano distribuiti equamente e senza compromettere i principi di equità e trasparenza.

Conclusione

Il sesto capitolo ha analizzato i complessi aspetti etici e le responsabilità legate all'impiego dell'intelligenza artificiale generativa. Partendo dall'attribuzione del merito creativo, sono stati esaminati i dilemmi legali e culturali che emergono quando le opere generate dall'intelligenza artificiale si collocano in una zona di confine tra input umano e automazione. La questione della privacy e della gestione dei dati ha messo in evidenza i pericoli associati all'uso non consensuale di dataset, sottolineando l'importanza di regolamentazioni robuste come il GDPR e l'AI Act europeo.

Il capitolo ha poi affrontato l'impatto dei bias nei modelli di intelligenza artificiale, mostrando come possano perpetuare stereotipi e disuguaglianze nei contesti creativi, educativi e sociali, ma anche indicando soluzioni praticabili, come gli audit indipendenti e lo sviluppo di modelli etici. L'analisi ha incluso uno sguardo al panorama globale della regolamentazione dell'intelligenza artificiale, evidenziando le divergenze tra le politiche adottate in Europa, Stati Uniti e Cina e il conseguente rischio di frammentazione del mercato tecnologico.

Infine, il capitolo si è concentrato sulla responsabilità etica dei creatori di sistemi di intelligenza artificiale, esplorando decisioni cruciali riguardanti la trasparenza, la selezione dei dataset e la supervisione dell'output generato. Sono stati illustrati esempi di buone pratiche adottate da aziende leader come OpenAI e Microsoft, che dimostrano come un approccio etico possa essere integrato nello sviluppo e nell'implementazione della tecnologia.

Nel prossimo capitolo, l'attenzione si sposterà dagli aspetti etici e normativi all'impatto sociale dell'intelligenza artificiale generativa. Saranno esplorate le potenzialità di questa tecnologia nel democratizzare la creatività e le criticità legate al rischio di amplificare disuguaglianze esistenti. Verranno analizzati gli effetti sull'istruzione, sulle opportunità formative e sul mondo del lavoro, esaminando sia i rischi che le opportunità di una distribuzione più equa delle risorse tecnologiche. Il capitolo si concluderà con una discussione su proposte e strategie per trasformare l'intelligenza artificiale generativa in uno strumento capace di promuovere una società più inclusiva e sostenibile.

Capitolo 7

L'IA generativa e l'impatto sociale – tra innovazione e disuguaglianza

Accesso democratizzato alla creatività

Una giovane artista in un villaggio remoto dell'Africa, priva di strumenti tradizionali o formazione accademica, può ora creare opere digitali che raccontano la sua cultura e la sua esperienza, condividendole con il mondo intero. Questo scenario, reso possibile dall'intelligenza artificiale generativa, sta abbattendo barriere un tempo insormontabili, portando la creatività a chiunque abbia un'idea da esprimere.

Questa tecnologia consente a persone senza competenze tecniche o risorse artistiche di accedere a nuovi modi di espressione. Strumenti come DALL·E permettono di generare immagini a partire da semplici descrizioni testuali, mentre piattaforme come ChatGPT supportano scrittori emergenti nella creazione di narrazioni complesse, trasformando pensieri embrionali in storie articolate. Grazie a queste innovazioni, l'arte e la creatività non sono più un privilegio, ma diventano accessibili a chiunque abbia una visione da condividere.

Le implicazioni per le comunità marginalizzate sono profonde. L'intelligenza artificiale generativa fornisce loro un mezzo per preservare e amplificare le tradizioni culturali, integrandole in un contesto globale. Un esempio significativo è il progetto Woolaroo di Google, che utilizza il machine learning per supportare la conservazione di lingue indigene in pericolo, come il māori o lo yugambeh. L'applicazione riconosce oggetti nel mondo reale e fornisce traduzioni nella lingua indigena, permettendo alle comunità non solo di salvaguardare il loro patrimonio linguistico, ma anche di presentarlo a un pubblico più ampio.

Anche gli artisti contemporanei stanno sfruttando queste tecnologie per reinterpretare le loro tradizioni culturali. L'artista afrocubana Susana Pilar Delahante Matienzo, ad esempio, utilizza modelli generativi per esplorare e rielaborare storie africane e caraibiche, offrendo una nuova prospettiva su narrazioni radicate nella tradizione. Le sue opere non si limitano a preservare il passato, ma lo arricchiscono con elementi contemporanei, creando un dialogo tra tradizione e innovazione.

Nel campo musicale, strumenti come MuseNet di OpenAI stanno democratizzando la composizione. Compositori amatoriali possono creare brani complessi combinando stili musicali diversi, integrando melodie tradizionali con influenze moderne. Questa possibilità offre nuove opportunità alle comunità per preservare il loro patrimonio musicale, adattandolo a un pubblico globale e rendendolo rilevante per le generazioni future.

Nonostante le enormi potenzialità, esistono sfide significative. Disparità nell'accesso alla tecnologia continuano a limitare molte comunità. Secondo l'UNESCO, il 40% delle lingue mondiali è a rischio di estinzione, spesso in regioni con scarso accesso a internet o a infrastrutture tecnologiche. Iniziative come Woolaroo tentano di affrontare questo divario, ma permangono ostacoli legati alla mancanza di risorse educative e di formazione specifica.

Un'altra difficoltà riguarda la percezione culturale dell'uso dell'intelligenza artificiale. In alcuni contesti, l'integrazione di tecnologie generative nelle pratiche tradizionali è vista con scetticismo, sollevando dubbi sull'autenticità delle opere prodotte. Per esempio, l'utilizzo dell'IA per creare arte indigena può essere percepito come una minaccia alla dimensione umana e spirituale che tradizionalmente caratterizza queste creazioni. Questa tensione richiede un approccio collaborativo, che valorizzi l'IA come strumento complementare e non come sostituto delle pratiche tradizionali.

Tuttavia, il potenziale dell'intelligenza artificiale generativa di rafforzare l'inclusività è innegabile. Strumenti come RunwayML, una piattaforma open-source che offre accesso a tecnologie avanzate di creazione visiva, consentono agli artisti di paesi emergenti di competere con i loro omologhi dei mercati sviluppati, superando barriere economiche e logistiche.

L'espansione della creatività attraverso l'intelligenza artificiale non rappresenta solo un progresso tecnologico, ma una rivoluzione culturale e sociale. Questo cambiamento può amplificare le voci di coloro che sono stati storicamente esclusi dai circuiti creativi tradizionali. Tuttavia, per garantire che queste innovazioni siano veramente inclusive, è necessario un impegno concertato per superare le disparità di accesso e per assicurarsi che le tecnologie rispettino e valorizzino le identità culturali. Solo così l'intelligenza artificiale potrà trasformarsi in un ponte tra tradizione e futuro, offrendo a tutti una nuova forma di espressione.

Disuguaglianze nell'accesso alle tecnologie IA

Un giovane studente in una zona rurale dell'Africa subsahariana, pieno di aspirazioni e desiderio di apprendere, ma privo di accesso alle tecnologie avanzate, rappresenta una delle sfide più urgenti dell'era digitale: le disuguaglianze nell'accesso alle innovazioni tecnologiche. Questo scenario riflette un problema globale in cui le opportunità offerte dall'intelligenza artificiale vengono distribuite in modo ineguale, spesso aggravando le disparità socioeconomiche esistenti.

Le potenzialità della tecnologia nel trasformare settori fondamentali come istruzione, sanità ed economia sono immense. Tuttavia, la capacità di trarne vantaggio non è equamente distribuita. Secondo l'UNCTAD, solo una minoranza dei paesi in via di sviluppo dispone delle risorse necessarie per sfruttare l'IA su vasta scala, lasciando molte nazioni escluse dalla rivoluzione tecnologica (unctad.org).

Le infrastrutture digitali rappresentano uno dei principali ostacoli. In molte aree rurali di Africa, Asia meridionale e America Latina, le connessioni internet sono lente o inesistenti, mentre i costi dei dispositivi tecnologici rimangono proibitivi. Questa carenza non solo limita l'accesso alla tecnologia, ma riduce anche le possibilità di utilizzare strumenti avanzati per l'apprendimento e la crescita professionale. Ad esempio, meno del 30% delle scuole nell'Africa subsahariana dispone di connessioni internet stabili, compromettendo gravemente l'accesso degli studenti alle risorse educative digitali.

Un altro ostacolo significativo è la mancanza di alfabetizzazione digitale. Anche nelle aree dotate di infrastrutture adeguate, milioni di persone non possiedono le competenze necessarie per utilizzare tecnologie avanzate. Questo deficit di conoscenze tecniche esclude intere comunità dai benefici dell'innovazione, rendendo essenziale l'investimento in programmi educativi e formativi.

Diverse iniziative globali stanno cercando di affrontare questi problemi. Google AI, ad esempio, ha lanciato un programma specifico per l'Africa subsahariana, investendo ingenti risorse per migliorare l'accesso tecnologico nelle scuole rurali. Questo progetto non si limita a fornire dispositivi e infrastrutture, ma include anche corsi di formazione per insegnanti e studenti, preparando le nuove generazioni a sfruttare il potenziale della tecnologia. Un'altra iniziativa significativa è quella dell'ICAIN (International Center for Artificial Intelligence and Network), che connette risorse tecnologiche avanzate a progetti di ricerca nei paesi emergenti, contribuendo a ridurre il divario tra economie avanzate e in via di sviluppo (icain.org).

Anche le startup stanno giocando un ruolo cruciale. In Kenya, la piattaforma educativa M-Shule utilizza la tecnologia per offrire corsi personalizzati, compatibili con dispositivi base come i telefoni cellulari. Eliminando la dipendenza da connessioni internet veloci, queste soluzioni innovative rendono la formazione accessibile anche in contesti con risorse limitate.

Tuttavia, per quanto promettenti, queste iniziative non bastano. È necessario un maggiore impegno politico per promuovere politiche inclusive che garantiscano l'accesso alle tecnologie come diritto fondamentale. Ciò richiede investimenti in infrastrutture, programmi di alfabetizzazione digitale e lo sviluppo di soluzioni open-source adattabili su scala globale.

Un altro elemento essenziale riguarda la creazione di dataset locali. Gran parte dei modelli di IA si basa su dati provenienti da economie avanzate, spesso inadeguati per affrontare le esigenze specifiche dei paesi in via di sviluppo. Progetti come Masakhane, una comunità di ricerca africana, si dedicano alla raccolta di dati per lingue locali sottorappresentate, migliorando l'accessibilità delle tecnologie per milioni di persone.

Anche il contesto normativo globale è cruciale. L'AI Act dell'Unione Europea, pur pensato per i paesi membri, offre un modello di trasparenza ed equità che potrebbe ispirare iniziative simili altrove. Organizzazioni internazionali come l'OCSE e l'ONU sono fondamentali per creare standard globali che garantiscano un accesso equo e sostenibile.

Democratizzare l'accesso alle tecnologie non è solo una questione di progresso tecnologico, ma un imperativo di giustizia sociale. Garantire che le comunità più vulnerabili possano utilizzare queste innovazioni significa offrire strumenti concreti per superare barriere economiche e culturali, promuovendo un futuro più inclusivo. Solo attraverso uno sforzo collettivo, mirato a ridurre disuguaglianze e valorizzare ogni voce, sarà possibile trasformare le tecnologie avanzate in un motore di uguaglianza e progresso globale.

Effetti sull'istruzione e sulle opportunità formative

Una classe in una remota area rurale, dove le risorse educative sono limitate e gli insegnanti affrontano grandi difficoltà nel fornire materiali adeguati, evidenzia una delle sfide più urgenti dell'istruzione globale. In questo contesto, le tecnologie di intelligenza artificiale stanno emergendo come una soluzione innovativa per trasformare l'esperienza educativa e colmare le lacune esistenti.

Queste tecnologie offrono strumenti in grado di personalizzare l'apprendimento e creare contenuti didattici su misura per ogni studente. Piattaforme come Khan Academy hanno iniziato a integrare tutor intelligenti, progettati per adattarsi alle esigenze individuali degli alunni. Analizzando le difficoltà di apprendimento, questi sistemi propongono materiali e attività mirate, contribuendo a migliorare i risultati scolastici. Questo livello di personalizzazione segna un cambiamento significativo rispetto ai metodi tradizionali, spesso incapaci di rispondere alle necessità specifiche di tutti gli studenti.

Un altro vantaggio cruciale della tecnologia nell'istruzione è la capacità di sviluppare risorse multilingue. In regioni caratterizzate da una forte diversità linguistica, come l'Africa o l'India, queste soluzioni possono generare materiali educativi in lingue locali, offrendo a milioni di studenti la possibilità di imparare nella propria lingua madre. Il progetto Masakhane, ad esempio, è una comunità di ricercatori africani che utilizza sistemi intelligenti per tradurre testi educativi in lingue sottorappresentate, garantendo un apprendimento inclusivo e culturalmente rilevante. Analogamente, in India, strumenti tecnologici stanno traducendo materiali scolastici in oltre 20 lingue regionali, ampliando l'accesso alle risorse educative per milioni di bambini.

Queste innovazioni offrono anche una significativa riduzione dei costi nella produzione di materiali educativi. Modelli avanzati possono generare dispense, quiz e interi corsi, abbattendo le spese legate alla stampa e alla distribuzione dei materiali didattici. In contesti con risorse economiche limitate, questa possibilità consente alle scuole di destinare fondi al miglioramento delle infrastrutture o alla formazione degli insegnanti.

Nonostante i vantaggi, l'adozione di queste tecnologie nell'istruzione comporta alcune sfide importanti. Tra le principali, vi è il rischio di ampliare il divario digitale. In molte regioni del mondo, soprattutto nei paesi in via di sviluppo, mancano infrastrutture adeguate come connessioni internet affidabili e dispositivi tecnologici. Secondo l'UNESCO, solo una minoranza delle scuole nei paesi meno sviluppati dispone di accesso a internet, e nelle aree rurali la situazione è ancora più critica. Questa carenza crea una disparità sistemica, escludendo molti studenti dalle opportunità offerte dall'innovazione.

In risposta a queste difficoltà, diverse iniziative stanno cercando di portare soluzioni tecnologiche nelle aree più remote. Google AI, ad esempio, ha avviato un programma di alfabetizzazione digitale in Africa subsahariana, fornendo connessioni satellitari a scuole rurali per consentire l'accesso a piattaforme educative. Parallelamente, startup locali come M-Shule stanno sviluppando piattaforme accessibili tramite dispositivi mobili di base, rendendo l'apprendimento digitale una realtà anche in assenza di infrastrutture avanzate.

Anche la formazione degli insegnanti gioca un ruolo cruciale. In molte scuole, i docenti non sono adeguatamente preparati a integrare queste tecnologie nei loro metodi didattici, limitando così il potenziale di queste innovazioni. Organizzazioni come la Fondazione Mondo Digitale collaborano con istituzioni educative per offrire corsi di formazione e aiutare gli educatori a sfruttare al meglio le opportunità offerte dalle nuove tecnologie.

Le politiche educative sono fondamentali per garantire un'implementazione responsabile delle soluzioni tecnologiche. Normative come l'AI Act europeo, che include linee guida specifiche per l'utilizzo dell'intelligenza artificiale nell'istruzione, possono servire da modello per altri paesi. Regole chiare e condivise sono essenziali per garantire trasparenza, responsabilità e il rispetto della privacy dei dati degli studenti.

Un ulteriore elemento critico riguarda la creazione di dataset locali. Molti modelli sono addestrati su dati provenienti da economie avanzate, risultando spesso poco adeguati ad affrontare le esigenze specifiche delle comunità locali. Investire nella raccolta e nell'uso di dati regionali è essenziale per sviluppare tecnologie che siano veramente utili per studenti e insegnanti in diverse parti del mondo.

La tecnologia rappresenta una delle innovazioni più promettenti per trasformare l'istruzione e ampliare le opportunità formative, ma la sua adozione richiede uno sforzo coordinato per superare barriere tecnologiche e culturali. Solo attraverso un approccio inclusivo, che metta al centro le necessità degli studenti e delle comunità, sarà possibile sfruttare appieno il potenziale di queste soluzioni, garantendo un'istruzione di qualità accessibile a tutti.

Impatto sulla forza lavoro e distribuzione del lavoro

Nel cuore pulsante delle fabbriche asiatiche, dove per decenni milioni di lavoratori hanno contribuito alla crescita economica globale, si sta verificando una trasformazione silenziosa ma profonda. L'adozione di automazione e tecnologie basate sull'intelligenza artificiale sta ridisegnando il panorama occupazionale, con ricadute significative sulla forza lavoro mondiale.

La crescente implementazione di soluzioni avanzate ha determinato una riduzione della domanda di manodopera nel settore manifatturiero. Secondo un rapporto dell'Organizzazione Internazionale del Lavoro (OIL), l'automazione potrebbe minacciare fino al 56% dei posti di lavoro in cinque paesi asiatici, tra cui Cina, India e Indonesia. Questo fenomeno è particolarmente evidente in Cina, dove l'aumento dei salari e la necessità di mantenere la competitività hanno spinto le aziende a investire massicciamente in robotica e intelligenza artificiale. Nel 2021, la Cina ha installato 243.300 robot industriali, rappresentando quasi la metà delle installazioni globali (agi.it).

Le ricadute di questa transizione si manifestano nella crescente disparità tra lavoratori qualificati e non qualificati. Mentre cresce la domanda di competenze tecnologiche avanzate, molti lavoratori si trovano impreparati a soddisfare le nuove esigenze del mercato. Un'analisi del McKinsey Global Institute stima che entro il 2030, fino a 375 milioni di persone a livello globale potrebbero dover cambiare settore o acquisire nuove competenze a causa dell'automazione. Questi cambiamenti colpiscono in modo sproporzionato le economie emergenti, dove i sistemi educativi e formativi spesso non sono adeguati a rispondere alle esigenze di un mondo del lavoro in continua evoluzione.

Un fenomeno strettamente legato a questi cambiamenti è il "reshoring," ovvero il ritorno della produzione nei paesi d'origine grazie all'automazione. Negli ultimi anni, aziende di settori come l'elettronica e l'automotive hanno riportato operazioni in Europa e negli Stati Uniti, riducendo la dipendenza dalla manodopera a basso costo in Asia e Africa. Questo cambiamento ha implicazioni profonde per le economie emergenti, che per anni hanno basato la loro crescita su un modello di industrializzazione incentrato sulle esportazioni.

Non mancano però opportunità in questo panorama in evoluzione. Le tecnologie intelligenti possono accelerare la riqualificazione dei lavoratori attraverso contenuti personalizzati e interattivi. Paesi come Singapore guidano questa transizione con programmi come "SkillsFuture," che offrono incentivi economici e risorse per sviluppare nuove competenze. In India, la National Skill Development Corporation (NSDC) sta collaborando con aziende tecnologiche per progettare corsi incentrati sull'uso di automazione e intelligenza artificiale, rendendoli accessibili a lavoratori meno qualificati.

Affrontare l'impatto delle tecnologie avanzate sulla forza lavoro, tuttavia, richiede interventi che vadano oltre la formazione. È essenziale implementare politiche che promuovano una distribuzione equa dei benefici. Ciò potrebbe includere l'introduzione di reti di sicurezza sociale per sostenere i lavoratori durante le transizioni professionali e incentivi fiscali per le aziende che investono non solo in tecnologia, ma anche nel capitale umano.

Le organizzazioni internazionali svolgono un ruolo cruciale in questo contesto. L'Unione Europea, ad esempio, attraverso il Fondo Sociale Europeo, finanzia progetti volti a migliorare le competenze digitali dei lavoratori e a supportare le imprese nella transizione verso modelli produttivi più avanzati. L'Organizzazione per la Cooperazione e lo Sviluppo Economico (OCSE) ha lanciato piattaforme per condividere best practice su come affrontare le sfide dell'automazione nei mercati del lavoro globali.

Anche nelle economie emergenti, queste tecnologie stanno dimostrando il loro potenziale per promuovere un cambiamento positivo. In Africa, piattaforme digitali basate su algoritmi avanzati aiutano gli agricoltori a migliorare la produzione, offrendo strumenti per analizzare condizioni del suolo e climatiche. Queste soluzioni non solo aumentano l'efficienza, ma creano nuove opportunità di lavoro nei settori tecnologici locali.

Tuttavia, è fondamentale riconoscere che l'impatto dell'automazione non è uniforme. Mentre alcune regioni e settori beneficiano di una crescita significativa, altre affrontano difficoltà maggiori. Affrontare queste disparità richiede un approccio globale e coordinato, che combini innovazione, formazione continua e politiche di sostegno economico. Solo così sarà possibile trasformare le sfide poste dall'evoluzione tecnologica in opportunità per una forza lavoro più equa e resiliente.

Proposte per un'IA generativa inclusiva

Nel cuore di Nairobi, un gruppo di giovani sviluppatori si riunisce in uno spazio di coworking. Con risorse limitate ma una visione ambiziosa, lavorano per creare soluzioni basate sull'intelligenza artificiale (IA) per affrontare sfide locali come l'accesso all'istruzione e ai servizi sanitari. Questo esempio illustra un fenomeno emergente: il potenziale trasformativo dell'IA, che può generare un impatto significativo solo se resa accessibile e inclusiva.

Promuovere un'IA realmente inclusiva richiede modelli collaborativi tra settore pubblico e privato. In Svizzera, iniziative innovative hanno creato un ecosistema che punta a ridurre le barriere di accesso alle tecnologie avanzate. Attraverso partnership tra enti governativi, aziende e università, il paese sta lavorando per garantire che piccole e medie imprese, così come comunità marginalizzate, possano beneficiare delle innovazioni disponibili (assodigitale.it).

Le piattaforme open-source giocano un ruolo cruciale in questa direzione. Progetti come AI Commons democratizzano l'accesso alle tecnologie IA, fornendo strumenti e framework gratuiti utilizzabili da sviluppatori in tutto il mondo. MONAI, un framework open-source per il deep learning sanitario, rappresenta un esempio di come sia possibile utilizzare modelli IA avanzati per migliorare le diagnosi mediche e la gestione dei dati anche in contesti con risorse limitate. Questi strumenti non solo riducono i costi, ma rendono l'innovazione accessibile a una platea più ampia, favorendo le comunità meno privilegiate.

Ma l'accesso alla tecnologia non basta. L'alfabetizzazione digitale è essenziale per assicurare un utilizzo efficace delle risorse offerte dall'IA. In

Italia, il programma Formez PA si distingue per il suo impegno nell'adozione dell'IA nella pubblica amministrazione, fornendo corsi di formazione mirati a migliorare la capacità degli enti pubblici di sfruttare queste tecnologie. Simili iniziative non solo colmano il divario digitale, ma stimolano anche la creazione di soluzioni locali che rispondano ai bisogni delle comunità.

Per superare le barriere economiche, alcune aziende adottano politiche di licenze gratuite o a basso costo. IBM, per esempio, offre una gamma di strumenti open-source per l'intelligenza artificiale, consentendo a organizzazioni con budget ridotti di accedere a risorse avanzate come modelli di machine learning preaddestrati. Tali iniziative aprono opportunità per chi altrimenti non potrebbe permettersi costose infrastrutture tecnologiche.

Un'altra iniziativa rilevante è quella della Hippo AI Foundation, che promuove l'uso di dati e strumenti open-source per una sanità più inclusiva. Questo approccio consente a ospedali e cliniche in contesti a basso reddito di accedere a tecnologie diagnostiche avanzate senza dover sostenere alti costi di licenza (tech2doc.it).

La collaborazione internazionale è determinante per garantire che l'IA sia progettata e implementata in modo equo. Organizzazioni come l'ONU e l'OCSE lavorano allo sviluppo di linee guida globali, mentre l'Unione Europea, con il suo AI Act, punta a garantire trasparenza e inclusività nei modelli di IA. Anche a livello locale, iniziative innovative stanno emergendo in diverse parti del mondo per affrontare problematiche specifiche. In India, per esempio, alcune startup utilizzano l'intelligenza artificiale per tradurre materiali educativi in lingue regionali, migliorando l'accesso all'istruzione per milioni di bambini. In Africa, piattaforme come Data Science Nigeria formano giovani talenti per sviluppare applicazioni che affrontino temi cruciali come la sicurezza alimentare e la gestione delle risorse idriche.

Per massimizzare l'inclusività, è fondamentale che aziende e governi collaborino nello sviluppo di politiche che incentivino la condivisione delle risorse tecnologiche. L'adozione di modelli open-source, sostenuta da finanziamenti pubblici, rappresenta una strategia efficace per ridurre le barriere economiche. Al contempo, è essenziale investire nelle infrastrutture digitali dei paesi in via di sviluppo, garantendo connessioni internet affidabili e accesso a dispositivi tecnologici di base.

L'intelligenza artificiale offre un'opportunità unica per affrontare alcune delle sfide sociali più urgenti, ma il suo pieno potenziale dipende da un impegno concertato per renderla inclusiva e accessibile. Solo attraverso collaborazioni globali, alfabetizzazione diffusa e politiche di distribuzione eque, sarà possibile trasformare questa tecnologia in uno strumento di uguaglianza, capace di ridurre le disparità e migliorare la qualità della vita di milioni di persone.

Conclusione

Nel capitolo sono state analizzate le molteplici implicazioni sociali dell'intelligenza artificiale generativa, mettendo in luce sia le opportunità che i rischi. Abbiamo esaminato come questa tecnologia stia ampliando l'accesso alla creatività, offrendo a persone e comunità la possibilità di realizzare opere innovative anche in contesti con risorse limitate. Tuttavia, è emersa la necessità di affrontare le disuguaglianze nell'accesso, per evitare che le tecnologie digitali contribuiscano ad accentuare le divisioni tra paesi sviluppati e in via di sviluppo. L'analisi ha inoltre evidenziato l'impatto positivo sull'istruzione, con risorse personalizzate e multilingue che promettono di rivoluzionare l'apprendimento, pur rilevando i rischi legati al divario digitale crescente.

Un altro tema centrale ha riguardato il cambiamento nel panorama lavorativo globale. L'automazione sta riducendo la domanda di professioni tradizionali, evidenziando l'urgenza di riqualificare milioni di lavoratori per consentire loro di adattarsi a nuove realtà professionali. In risposta a queste sfide, sono state avanzate proposte per favorire un uso più inclusivo delle tecnologie generative, attraverso collaborazioni pubblico-private, l'adozione di piattaforme open-source e l'elaborazione di politiche che assicurino un accesso equo e sostenibile.

Nel capitolo successivo, l'attenzione si sposterà sugli strumenti e sulle risorse pratiche per integrare l'intelligenza artificiale generativa nelle proprie attività. Saranno presentate piattaforme dedicate alla creazione di testi, immagini, musica e video, accompagnate da suggerimenti utili per individuare le soluzioni più adatte alle diverse esigenze. Verranno inoltre proposte esercitazioni e progetti pratici, pensati per permettere ai lettori di applicare le nozioni apprese e sfruttare appieno il potenziale di queste tecnologie nel proprio lavoro o nei progetti creativi.

Capitolo 8

Strumenti e risorse per iniziare con l'IA generativa

Piattaforme per la generazione di testi

Creare una serie di articoli per il blog aziendale può rivelarsi una sfida, soprattutto quando il tempo è limitato e le idee scarseggiano. In contesti simili, le piattaforme di scrittura basate sull'intelligenza artificiale si dimostrano strumenti innovativi, capaci di semplificare il processo creativo e migliorare l'efficienza. Soluzioni come Jasper AI e ChatGPT stanno rivoluzionando il modo in cui aziende e professionisti sviluppano contenuti per scopi commerciali, educativi e creativi.

Tra le opzioni più utilizzate, Jasper AI e ChatGPT si affermano come riferimenti nel settore. Jasper AI si distingue per le sue capacità avanzate nel copywriting, offrendo funzionalità ottimizzate per generare contenuti pubblicitari e messaggi efficaci. Grazie a modelli progettati per e-mail, post sui social media e descrizioni di prodotti, Jasper AI fornisce un supporto mirato e pratico. Un responsabile marketing, ad esempio, può servirsi di questa piattaforma per creare rapidamente varianti di annunci pubblicitari, testando quale messaggio risuoni meglio con il proprio pubblico.

ChatGPT, dal canto suo, si caratterizza per una straordinaria flessibilità. Basata su modelli di elaborazione del linguaggio naturale, la piattaforma supporta numerose attività, dalla risposta a domande alla creazione di testi complessi. Un insegnante, per esempio, potrebbe utilizzarla per sviluppare domande di verifica su argomenti specifici o per rendere più chiari concetti difficili, facilitandone la comprensione per gli studenti.

L'utilizzo di queste piattaforme è in costante crescita. Nel 2024, oltre il 60% delle aziende ha dichiarato di aver integrato tecnologie di intelligenza artificiale generativa nei propri flussi di lavoro. Più della metà di queste le impiega specificamente per attività di content marketing e comunicazione aziendale, evidenziando l'importanza di familiarizzare con tali strumenti per mantenere una posizione competitiva in un mercato sempre più orientato al digitale.

Per avvicinarsi a queste tecnologie, è utile iniziare con una fase di esplorazione. Jasper AI, ad esempio, offre una prova gratuita di sette giorni, che consente di testare le sue principali funzionalità prima di sottoscrivere un abbonamento. Allo stesso modo, ChatGPT propone versioni gratuite con funzionalità di base, ideali per chi desidera avvicinarsi a queste tecnologie senza impegni immediati.

Nonostante l'efficienza di questi strumenti, l'intervento umano resta essenziale. Sebbene siano in grado di produrre bozze di qualità, una revisione da parte di un esperto è necessaria per garantire che i contenuti siano accurati, coerenti e perfettamente adatti al tono desiderato. Questo bilanciamento tra automazione e supervisione consente di sfruttare al massimo il potenziale dell'intelligenza artificiale, mantenendo al contempo un alto livello di qualità.

Oltre alla creazione di testi, queste piattaforme sono estremamente utili per il brainstorming e lo sviluppo di idee creative. Un team può, ad esempio, impiegare ChatGPT per generare spunti per una campagna pubblicitaria o per esplorare trame narrative per un progetto cinematografico. Jasper AI, invece, offre un supporto particolarmente efficace nella strutturazione di testi destinati a presentazioni o report aziendali, suggerendo miglioramenti pratici per aumentarne l'efficacia.

In ambiti creativi e educativi, queste soluzioni rappresentano un'opportunità per ampliare le capacità senza la necessità di competenze tecniche avanzate. Un autore indipendente potrebbe utilizzare ChatGPT per abbozzare il proprio libro, apportando successivamente il proprio stile personale. Allo stesso tempo, un designer potrebbe sfruttare Jasper AI per scrivere descrizioni accattivanti per il proprio portfolio online, aumentando le possibilità di attrarre nuovi clienti.

Con il progresso continuo di queste tecnologie, le piattaforme di generazione di testi promettono di offrire soluzioni sempre più avanzate e su misura. Adattarle agli obiettivi specifici e integrarle strategicamente nei flussi di lavoro consente di sfruttare al meglio queste risorse, aprendo nuove prospettive per la creazione di contenuti innovativi e altamente efficaci.

Strumenti per la creazione di immagini

Creare un logo aziendale che catturi l'essenza di un brand emergente è una sfida complessa, che tradizionalmente richiede ore di brainstorming, schizzi e revisioni. Oggi, grazie agli strumenti basati sull'intelligenza artificiale (IA), è possibile accelerare significativamente questo processo, trasformando idee astratte in immagini visivamente accattivanti e di alta qualità.

Tra i principali strumenti a disposizione troviamo DALL·E, MidJourney e RunwayML, ognuno con caratteristiche uniche che li rendono adatti a una vasta gamma di progetti creativi. Queste piattaforme permettono di convertire descrizioni testuali in immagini professionali, aprendo nuove opportunità per designer, artisti e professionisti del marketing.

DALL·E, sviluppato da OpenAI, eccelle per la sua capacità di interpretare prompt dettagliati e complessi. È ideale per progetti che richiedono un alto livello di personalizzazione, come branding o storytelling visivo. Un esempio potrebbe essere il prompt "una libreria moderna con pareti trasparenti che si affacciano su un giardino zen", che genera immagini dettagliate e di grande impatto visivo. Questo lo rende uno strumento versatile per chi lavora su illustrazioni pubblicitarie o narrazioni visive.

MidJourney, invece, si distingue per la sua capacità di creare immagini evocative e surreali. Perfetto per progetti artistici che richiedono un tocco unico, può trasformare descrizioni poetiche in opere suggestive. Un prompt come "un paesaggio lunare con alberi di cristallo sotto un cielo aurorale" produrrebbe una visione onirica che trova applicazione in editoria, arte visiva e contenuti multimediali.

RunwayML offre un approccio più dinamico, consentendo non solo la creazione di immagini statiche ma anche di video e contenuti animati. Una delle sue caratteristiche principali è la capacità di trasformare schizzi in rappresentazioni realistiche. Un architetto, ad esempio, potrebbe utilizzare RunwayML per generare visualizzazioni realistiche di un edificio partendo da un concept iniziale, facilitando presentazioni professionali a clienti o investitori.

L'adozione di queste tecnologie sta crescendo rapidamente. Secondo recenti studi, il 45% dei designer professionisti ha integrato strumenti di IA generativa nei propri flussi creativi, registrando un aumento significativo rispetto all'anno precedente. Questo dato evidenzia quanto queste piattaforme siano diventate indispensabili, non solo per la velocità con cui semplificano i processi, ma anche per le nuove possibilità espressive che offrono.

Un modo efficace per iniziare a utilizzare queste tecnologie è sperimentare con prompt semplici per comprenderne le potenzialità. Supponiamo che un'azienda desideri un logo che rappresenti innovazione e sostenibilità. Con DALL·E, un designer potrebbe inserire un prompt come "un logo minimalista che combina una foglia verde con un circuito elettronico", ottenendo diverse opzioni creative. MidJourney, invece, potrebbe essere impiegato per aggiungere un tocco più artistico e astratto al progetto, rendendolo unico e memorabile.

Nonostante le capacità avanzate di questi strumenti, il tocco umano rimane imprescindibile. L'esperienza e la sensibilità di un designer sono fondamentali per rifinire i risultati, assicurando che il prodotto finale rifletta perfettamente l'identità del brand e soddisfi gli obiettivi del progetto.

È inoltre essenziale considerare le implicazioni legali ed etiche nell'uso di immagini generate dall'IA. Molte piattaforme si basano su dataset esistenti per addestrare i loro modelli, sollevando questioni legate ai diritti d'autore. Prima di utilizzare un'immagine generata per scopi commerciali, è importante verificare le politiche di licenza della piattaforma e apportare eventuali modifiche per evitare problemi legali.

Con l'evoluzione continua di strumenti come DALL·E, MidJourney e RunwayML, le opportunità per i creativi non fanno che ampliarsi. Questi strumenti non solo accelerano il processo di progettazione, ma aprono nuove strade per esplorare idee visive innovative. Per chi opera nel design, nell'arte o nella pubblicità, adottare queste tecnologie non è solo un'opportunità, ma una necessità per restare competitivi in un panorama sempre più dominato dall'innovazione tecnologica.

Software di composizione musicale e video

Un regista indipendente con un budget limitato, intenzionato a creare una colonna sonora originale per il suo prossimo cortometraggio, avrebbe tradizionalmente dovuto affrontare costi significativi, tra l'ingaggio di un compositore e le sessioni di registrazione in studio. Oggi, grazie ai progressi della tecnologia, strumenti come AIVA e Synthesia stanno rivoluzionando il processo creativo, rendendo accessibili musica e video personalizzati in modo innovativo.

AIVA (Artificial Intelligence Virtual Artist) è una piattaforma che consente di comporre brani originali in diversi stili musicali utilizzando l'intelligenza artificiale. Dal 2016, AIVA ha guadagnato prestigio come compositore ufficiale riconosciuto dalla SACEM, la società francese degli autori e compositori. Attraverso l'analisi di migliaia di partiture, AIVA comprende le strutture musicali e gli stili, offrendo la possibilità di creare composizioni che spaziano dalla musica classica al jazz, fino alle colonne sonore cinematografiche.

Ad esempio, un videomaker che necessita di una traccia musicale emozionante per una scena può selezionare lo stile "cinematico" sulla piattaforma, impostare il tono desiderato e ottenere una composizione su misura in pochi minuti. Questo processo non solo riduce significativamente i costi, ma accelera anche i tempi di produzione, garantendo risultati di alta qualità.

Synthesia, invece, è un'innovativa piattaforma di generazione video che permette di creare contenuti utilizzando avatar digitali realistici. Lanciata nel 2017, Synthesia ha trasformato il mondo della produzione video, eliminando la necessità di attori, telecamere o studi di registrazione. Gli utenti possono inserire un testo, scegliere tra avatar esistenti o personalizzati, e generare video in oltre 120 lingue.

Un esempio pratico è rappresentato da un'azienda che vuole produrre un video promozionale per un prodotto. Utilizzando Synthesia, è possibile creare versioni multilingue dello stesso video, adattandole a diversi mercati internazionali senza la necessità di organizzare riprese separate. Questo approccio non solo riduce i costi, ma garantisce uniformità visiva e stilistica tra le diverse varianti del contenuto.

L'uso di strumenti come AIVA e Synthesia sta crescendo rapidamente. Secondo un articolo di Unite.ai, AIVA si posiziona tra i generatori di musica IA più apprezzati del 2024, grazie alla sua capacità di creare colonne sonore per pubblicità, videogiochi e film. Allo stesso modo, Synthesia è riconosciuta come una delle piattaforme di generazione video più influenti, adottata da aziende e creatori di contenuti per la sua capacità di velocizzare le produzioni mantenendo standard professionali.

Tuttavia, nonostante il loro potenziale, è cruciale il contributo umano. La supervisione di un professionista rimane indispensabile per assicurare che i contenuti generati dall'intelligenza artificiale siano coerenti con l'identità del progetto e rispondano pienamente alle aspettative del pubblico. La sensibilità e il giudizio umano aggiungono quel tocco finale che rende un contenuto memorabile e autentico.

Integrare software come AIVA e Synthesia nel processo creativo offre vantaggi significativi in termini di efficienza e flessibilità. Questi strumenti consentono di esplorare nuove possibilità artistiche, abbattendo barriere economiche e tecniche. La loro capacità di combinare rapidità e personalizzazione li rende risorse essenziali per professionisti che desiderano innovare nel campo della musica e della produzione video.

Guida alla scelta dello strumento giusto

Integrare l'intelligenza artificiale generativa nel proprio lavoro creativo o tecnico può sembrare complesso, soprattutto quando ci si trova di fronte a un'ampia gamma di piattaforme e strumenti disponibili. La selezione dello strumento più adatto richiede un'analisi attenta basata su criteri come costi, facilità d'uso, obiettivi del progetto e compatibilità con l'infrastruttura già esistente. Questo capitolo offre una guida pratica per navigare tra le opzioni disponibili, consentendoti di fare scelte informate e strategiche.

Uno dei primi aspetti da valutare è il costo. Le piattaforme open-source, come TensorFlow o PyTorch, sono gratuite e altamente flessibili, ideali per team con solide competenze tecniche interne. Tuttavia, richiedono risorse significative per la configurazione e la manutenzione. Al contrario, strumenti commerciali come Jasper AI, IBM Watson o Google AI Platform offrono soluzioni chiavi in mano con interfacce intuitive e supporto tecnico dedicato, ma a costi che possono variare dai 50 euro mensili per versioni base a migliaia di euro per soluzioni aziendali avanzate.

La facilità d'uso è un altro elemento cruciale. Non tutti gli utenti hanno competenze tecniche approfondite, e molti preferiscono piattaforme intuitive che non richiedano una lunga curva di apprendimento. Ad esempio, strumenti come Hugging Face o RunwayML sono progettati per essere accessibili anche ai meno esperti, grazie a interfacce grafiche che guidano passo dopo passo. Soluzioni come PyTorch, invece, richiedono una conoscenza del linguaggio di programmazione, offrendo però un livello di personalizzazione che le piattaforme più semplici non possono eguagliare.

Gli obiettivi specifici del progetto influiscono notevolmente sulla scelta dello strumento. Per chi lavora su progetti di branding che richiedono la creazione di immagini e loghi su misura, piattaforme come DALL·E, progettate appositamente per la generazione visiva, rappresentano una scelta ottimale. Per esigenze di scrittura creativa o copywriting, strumenti come Jasper AI e ChatGPT si rivelano particolarmente efficaci grazie alla loro capacità di produrre testi coerenti e ben strutturati. Per progetti più tecnici, come l'analisi di dati su larga scala o lo sviluppo di applicazioni personalizzate, piattaforme come TensorFlow o OpenAI Codex offrono la flessibilità necessaria.

Il livello di supporto tecnico è un altro criterio da considerare. Le piattaforme commerciali spesso includono assistenza dedicata, aggiornamenti regolari e documentazione dettagliata, un aspetto essenziale per chi desidera soluzioni senza il peso di gestire internamente i dettagli tecnici. Le soluzioni open-source, invece, si basano su comunità di sviluppatori attivi che offrono supporto tramite forum e guide condivise. Sebbene questo approccio sia più economico, richiede tempo e competenze per risolvere eventuali problemi.

La scalabilità è fondamentale per progetti che potrebbero crescere rapidamente in termini di utenti o dati gestiti. Strumenti come Google AI Platform e Amazon SageMaker sono progettati per operare su larga scala, mentre soluzioni più semplici, come RunwayML, potrebbero presentare limiti in termini di capacità. Valutare le potenzialità di espansione dello strumento è cruciale per evitare ostacoli futuri.

Anche la compatibilità con i sistemi già in uso è importante. Alcuni strumenti si integrano facilmente con le piattaforme aziendali esistenti, riducendo i tempi di implementazione. Software come SingleStore Notebooks, progettati per funzionare con database SQL distribuiti, sono ideali per chi ha bisogno di analisi rapide e approfondite senza migrare a nuovi sistemi. Altri strumenti, come Hugging Face, offrono un alto grado di integrazione con tecnologie esistenti, ampliando le possibilità d'uso.

La sicurezza e la conformità normativa rappresentano un ulteriore fattore da considerare, soprattutto per aziende che operano in settori regolamentati come la sanità o la finanza. Strumenti commerciali come IBM Watson si distinguono per robuste misure di sicurezza e rispetto delle normative internazionali sulla protezione dei dati, come il GDPR. Le soluzioni open-source, sebbene più flessibili, necessitano di configurazioni personalizzate per soddisfare requisiti di sicurezza specifici.

La scelta dello strumento di intelligenza artificiale generativa più adatto non si riduce a un confronto delle funzionalità, ma richiede una valutazione strategica basata sulle necessità del progetto, sulle competenze del team e sulle risorse disponibili. Un'analisi approfondita dei criteri presentati in questo capitolo ti consentirà di selezionare la piattaforma più adatta, trasformandola in un potente alleato per il tuo lavoro creativo o tecnico.

Esercitazioni e progetti pratici

L'apprendimento più efficace avviene attraverso l'esperienza diretta. Gli strumenti di intelligenza artificiale generativa oggi disponibili offrono l'opportunità di sperimentare il loro potenziale in modo pratico, rendendo la sperimentazione un elemento fondamentale per comprenderne le capacità. In questo capitolo, vengono presentate esercitazioni guidate che illustrano diverse categorie di strumenti, con esempi concreti e approcci pratici, adatti anche ai principianti.

Una prima attività coinvolge la scrittura creativa con ChatGPT, noto per la sua versatilità nella generazione di testi. Collegandosi alla piattaforma, è possibile avviare una nuova conversazione e inserire un prompt descrittivo, come: "Scrivi una storia breve ambientata in un futuro distopico, dove l'intelligenza artificiale governa il pianeta e un gruppo di umani cerca di ribellarsi". Una volta inviato, ChatGPT fornirà una narrazione basata sulle indicazioni ricevute. Se il risultato non è pienamente soddisfacente, si possono aggiungere dettagli, richiedere modifiche nel tono o introdurre nuovi elementi. Questo esercizio dimostra la capacità dello strumento di adattarsi a esigenze specifiche e di generare contenuti personalizzati.

Nell'ambito della generazione di immagini, DALL·E rappresenta un'opzione potente e versatile. Inserendo una descrizione dettagliata, come:

"Crea un'immagine che rappresenti un ufficio moderno con collaboratori al lavoro, un design minimalista e colori tenui", la piattaforma produce diverse proposte tra cui scegliere. Le immagini selezionate possono essere scaricate e integrate in progetti di presentazione o comunicazione. Un ulteriore esperimento potrebbe riguardare la creazione di contenuti per i social media, come un'illustrazione di un paesaggio naturale accompagnata da un messaggio ispirazionale. Questo processo dimostra come le immagini generate possano aggiungere valore visivo a diversi tipi di progetti.

Per chi è interessato alla musica, AIVA offre la possibilità di creare composizioni originali in vari stili. Accedendo alla piattaforma, è possibile selezionare il genere musicale e definire il mood desiderato. Per una colonna sonora cinematografica, ad esempio, si può impostare il tono su "epico". AIVA genererà un brano musicale adatto alle esigenze indicate, pronto per essere utilizzato. Sperimentare con impostazioni diverse, come passare da un'atmosfera "epica" a una più "rilassante", permette di osservare come variazioni nei parametri influenzino il risultato. Questa attività evidenzia la capacità dello strumento di adattarsi a diverse esigenze creative.

Nel campo della produzione video, Synthesia consente di creare contenuti utilizzando avatar digitali. Dopo essersi registrati, si può selezionare un avatar e fornire un testo da includere nel video, come: "Benvenuti alla presentazione del nostro nuovo sistema di gestione aziendale. Scoprirete come semplificare i vostri processi quotidiani." Configurando lo sfondo e aggiungendo elementi visivi come loghi, Synthesia genera un video professionale. Questo esercizio dimostra come sia possibile produrre contenuti video multilingue e di alta qualità senza necessità di attrezzature avanzate.

Per chi vuole esplorare l'analisi dei dati o creare soluzioni personalizzate, OpenAI Codex offre strumenti potenti. Ad esempio, si può caricare un dataset e chiedere di scrivere un codice in Python per calcolare la media e la deviazione standard di una colonna di dati. Codex genererà il codice richiesto, che potrà essere eseguito per ottenere i risultati. Questa attività introduce anche chi ha meno esperienza a strumenti di programmazione, semplificando l'approccio a compiti tecnici.

Queste esercitazioni dimostrano l'ampiezza delle applicazioni degli strumenti di intelligenza artificiale generativa, evidenziandone il potenziale per migliorare creatività, efficienza e innovazione. Sperimentando con diverse piattaforme, sarà possibile esplorare nuove possibilità, scoprendo applicazioni inaspettate per il proprio lavoro o progetto.

Conclusione

L'ottavo capitolo ha presentato una guida pratica per chi intende integrare l'intelligenza artificiale generativa nelle proprie attività, offrendo un'esplorazione dettagliata di strumenti e risorse per ambiti quali scrittura, creazione di immagini, composizione musicale e produzione video. Attraverso esempi pratici, come l'elaborazione di racconti con ChatGPT, la creazione di immagini su misura con DALL·E e la generazione di colonne sonore originali tramite AIVA, è emersa la capacità di queste tecnologie di semplificare e potenziare processi creativi complessi. Sono stati inoltre delineati criteri utili per selezionare gli strumenti più idonei, considerando aspetti come costi, semplicità di utilizzo, finalità specifiche e disponibilità di supporto tecnico.

Le attività pratiche e gli esempi hanno sottolineato il valore trasformativo dell'IA generativa, evidenziandone il ruolo non solo come strumento tecnico, ma anche come catalizzatore di innovazione e mezzo per ampliare le possibilità creative. Questa tecnologia, infatti, non si limita a supportare le attività esistenti, ma apre nuove prospettive e opportunità per chiunque voglia esplorarne il potenziale.

Con queste fondamenta operative, il capitolo successivo proporrà una visione strategica più ampia. Si indagherà su come costruire un futuro in cui l'IA generativa possa evolvere in modo responsabile, bilanciando innovazione e considerazioni etiche. Verranno analizzati i principi di un progresso consapevole, le esperienze dei pionieri nel campo e l'importanza delle collaborazioni per raggiungere obiettivi condivisi. Il Capitolo 9 guiderà il lettore verso una riflessione sul ruolo dell'IA generativa non solo come motore tecnologico, ma anche come elemento centrale per coniugare avanzamento e responsabilità sociale.

Capitolo 9

Progettare un futuro con l'IA generativa – innovazione responsabile

Principi di innovazione responsabile

Un futuro in cui l'intelligenza artificiale generativa non si limita a potenziare le capacità umane, ma lo fa rispettando principi di etica, trasparenza e inclusività, rappresenta il cuore dell'innovazione responsabile. Questo approccio unisce il progresso tecnologico a valori fondamentali, tutelando i diritti umani e promuovendo il bene comune.

Tra i modelli di riferimento spicca il Responsible AI Standard di Microsoft, un framework che si basa su sei principi essenziali per garantire che l'IA diventi uno strumento sicuro e affidabile per la società. Tali principi trovano applicazione nella creazione di sistemi che evitano discriminazioni, assicurano trasparenza nei processi decisionali e promuovono l'accesso equo, indipendentemente dall'estrazione sociale o dalle capacità personali.

L'equità è centrale per garantire che i sistemi di IA non favoriscano o penalizzino arbitrariamente determinati gruppi. Microsoft ha sviluppato strumenti per individuare e correggere bias nei modelli, migliorando così la correttezza nelle decisioni automatizzate. Un esempio è un algoritmo per il reclutamento che, grazie a tali strumenti, seleziona candidati basandosi esclusivamente su criteri oggettivi, evitando pregiudizi impliciti.

Un altro principio essenziale è l'affidabilità, che richiede che i sistemi funzionino in modo prevedibile, evitando errori o comportamenti imprevisti. Questo implica test rigorosi e monitoraggi costanti. In settori delicati come la diagnostica medica, un sistema affidabile può fare la differenza tra una diagnosi accurata e un errore con gravi conseguenze.

La protezione dei dati personali è un elemento imprescindibile. Gli utenti si aspettano che le loro informazioni siano gestite con rispetto, conformemente a normative come il GDPR. Questo principio si traduce nell'adozione di misure di sicurezza avanzate che garantiscono l'uso legittimo dei dati sensibili, evitando abusi.

L'inclusività spinge verso lo sviluppo di tecnologie utili e accessibili a tutti, incluse le persone con disabilità. Un esempio è un software di riconoscimento vocale in grado di comprendere una vasta gamma di accenti e rispondere in più lingue, assicurando che nessuno venga escluso dai benefici delle innovazioni tecnologiche.

La trasparenza consente agli utenti di comprendere il funzionamento dei sistemi di IA, un aspetto cruciale in ambiti come la sanità o la giustizia. Microsoft ha sviluppato strumenti che spiegano chiaramente i meccanismi dei modelli di IA, contribuendo ad aumentare la fiducia degli utenti e a rendere il processo decisionale più comprensibile.

Il principio di responsabilità stabilisce che chi sviluppa o utilizza l'IA debba rispondere delle sue azioni e delle conseguenze. Organizzazioni come Microsoft hanno istituito comitati interni dedicati al rispetto di standard etici elevati, garantendo un monitoraggio costante delle tecnologie implementate.

Altri attori stanno lavorando a linee guida analoghe. L'Unione Europea, con il suo Codice di Condotta per l'IA, mira a creare regole condivise che bilancino innovazione e responsabilità. Questi framework offrono non solo orientamenti teorici, ma strumenti concreti per affrontare le sfide future.

Per favorire un'adozione responsabile dell'IA generativa, è fondamentale adottare misure pratiche. La valutazione preventiva dei rischi aiuta a individuare e mitigare potenziali impatti negativi. Coinvolgere gli stakeholder nella progettazione garantisce soluzioni realmente utili e orientate al bene comune. Inoltre, la formazione continua di sviluppatori e utenti rafforza le competenze tecniche e alimenta una cultura di innovazione consapevole.

Monitoraggio e feedback costanti sono essenziali per migliorare continuamente le tecnologie. Abbinando queste pratiche a una comunicazione chiara e trasparente, si crea un contesto in cui l'IA non è solo uno strumento avanzato, ma un partner responsabile e affidabile, capace di sostenere il progresso umano in modo etico e inclusivo.

Lezioni dai pionieri dell'IA generativa

L'avvento dell'intelligenza artificiale generativa è stato segnato da un piccolo gruppo di pionieri che hanno esplorato i limiti della tecnologia e dell'etica, aprendo nuove strade. Il loro cammino, sebbene costellato di difficoltà, offre insegnamenti preziosi su come affrontare il futuro di questa tecnologia così potente.

OpenAI rappresenta un esempio emblematico. Creatrice di GPT, ha perseguito l'obiettivo di rendere l'IA un beneficio per tutta l'umanità, adottando un approccio basato su trasparenza e condivisione della ricerca. Rendendo pubblici i progressi e offrendo accesso ai propri strumenti, ha permesso a milioni di persone di sperimentare con l'IA generativa. Tuttavia, con l'introduzione di GPT-3 sono emerse preoccupazioni riguardo a possibili abusi, come la creazione di disinformazione o contenuti inappropriati. In risposta, OpenAI ha introdotto sistemi di moderazione e migliorato i modelli per ridurre risultati problematici, dimostrando che la responsabilità è un processo continuo, oltre che preventivo.

DeepMind offre un'altra prospettiva significativa. Con AlphaFold, il sistema che ha trasformato la biologia strutturale predicendo le forme di quasi tutte le proteine conosciute, ha mostrato come l'IA generativa possa affrontare problemi scientifici di grande rilevanza. Questo esempio sottolinea l'importanza di concentrare gli sforzi su applicazioni mirate e di alto impatto. Tuttavia, DeepMind ha anche dovuto confrontarsi con critiche sulla trasparenza delle sue operazioni, affrontando il delicato equilibrio tra tutela della proprietà intellettuale e condivisione dei benefici derivanti dalla ricerca.

Anche i progetti accademici hanno avuto un ruolo fondamentale. Il Massachusetts Institute of Technology (MIT) ha esplorato l'integrazione dell'IA generativa nelle discipline umanistiche, dimostrando che il successo dell'IA non dipende solo dagli algoritmi, ma anche dalla collaborazione tra diverse competenze. Questi progetti rivelano l'importanza di evitare approcci limitati, favorendo invece un'interazione tra prospettive e settori differenti.

Non tutte le iniziative hanno avuto esiti positivi. Una startup che aveva sviluppato un sistema per creare testi giornalistici in modo automatico è fallita quando il modello si è rivelato vulnerabile a bias impliciti, compromettendo qualità e imparzialità dei contenuti. Questo caso mette in luce l'importanza di test approfonditi e della supervisione umana, evidenziando i rischi che accompagnano ogni processo innovativo.

I pionieri dell'IA generativa hanno mostrato che affrontare le implicazioni sociali e morali delle innovazioni è tanto importante quanto le sfide tecniche. OpenAI, ad esempio, ha collaborato con istituzioni accademiche e governi per sviluppare politiche che regolino l'uso responsabile dell'IA generativa, dimostrando il valore delle partnership nel gestire questioni sistemiche complesse.

Tra i maggiori successi si annoverano modelli collaborativi che coinvolgono il settore privato, le istituzioni pubbliche e il mondo accademico. Collaborazioni come quella tra DeepMind e il Servizio Sanitario Nazionale del Regno Unito hanno dimostrato come unire le forze per risolvere problemi specifici – come migliorare l'efficienza ospedaliera – possa portare a soluzioni praticabili e scalabili.

Questi esempi dimostrano che innovare responsabilmente non significa solo spingere i confini della tecnologia, ma anche imparare dagli errori e condividere i risultati raggiunti. Una delle lezioni principali emerse da questi percorsi è che il progresso tecnologico deve essere accompagnato da un dialogo costante con la società, per garantire che le nuove tecnologie siano sviluppate e applicate considerando attentamente le loro implicazioni etiche e sociali.

Guardando al futuro dell'IA generativa, le esperienze di OpenAI, DeepMind e del mondo accademico mostrano che il vero successo non si misura solo nei risultati tecnici, ma nell'impatto positivo sulla vita delle persone e nella capacità di gestire le sfide in modo responsabile. Da queste storie emerge un messaggio chiaro: l'innovazione responsabile non è un traguardo, ma un processo continuo, guidato dalla collaborazione e dall'impegno collettivo.

Creare collaborazioni costruttive

L'intelligenza artificiale generativa rappresenta una forza trasformativa che attraversa settori, discipline e confini geografici, ma il suo potenziale può emergere pienamente solo attraverso collaborazioni che uniscano risorse, competenze e prospettive diverse tra attori pubblici, privati e accademici. Mentre il Capitolo 4 ha esplorato come l'IA stia rivoluzionando il business e il Capitolo 7 ha evidenziato l'importanza dell'inclusione, è fondamentale approfondire il tema della costruzione di partnership sostenibili e durature.

Un esempio significativo è la Partnership on AI, un consorzio globale che riunisce aziende tecnologiche, ONG, ricercatori e governi. Fondata da leader del settore come Google, Microsoft, Amazon e IBM, questa iniziativa si propone di promuovere lo sviluppo responsabile dell'IA. Tra le sue attività principali spicca la condivisione di conoscenze tra settori, utilizzando i progressi tecnologici per affrontare sfide globali come il cambiamento climatico, le disuguaglianze economiche e l'accesso all'istruzione.

La collaborazione tra settore pubblico e privato costituisce un altro pilastro essenziale per il progresso dell'IA generativa. Negli Stati Uniti, la National Science Foundation ha avviato il programma AI Institutes, volto a finanziare progetti di ricerca che uniscono università, aziende e istituzioni pubbliche. Questi progetti si concentrano su settori strategici come la sanità, l'agricoltura e la sicurezza informatica, dimostrando il valore della co-creazione nel generare soluzioni innovative e sostenibili.

A livello internazionale, l'Unione Europea promuove un approccio collaborativo attraverso programmi come Horizon Europe, che finanzia progetti transnazionali sull'IA. In questo contesto, la cooperazione tra paesi membri e partner globali consente di superare barriere culturali e normative, contribuendo alla definizione di standard condivisi per uno sviluppo equilibrato della tecnologia.

Le collaborazioni pubblico-private non solo favoriscono l'innovazione, ma riducono anche le disuguaglianze tecnologiche. Iniziative come AI for Accessibility di Microsoft, che sviluppa strumenti per migliorare l'inclusione delle persone con disabilità, dimostrano che partnership ben strutturate possono generare impatti sociali significativi, ampliando l'accesso a tecnologie avanzate. Questi esempi rivelano il potenziale delle sinergie tra settori nel creare valore per la collettività.

Parallelamente, le comunità open-source giocano un ruolo cruciale nella democratizzazione dell'IA. Ecosistemi come TensorFlow e Hugging Face hanno reso possibile la condivisione di risorse tra sviluppatori, ricercatori e aziende, accelerando la diffusione di innovazioni. Questo modello non solo incentiva la trasparenza, ma abbassa i costi di accesso, favorendo anche organizzazioni più piccole o paesi in via di sviluppo.

Nonostante le potenzialità, creare collaborazioni costruttive non è privo di difficoltà. Divergenze normative, come quelle tra l'approccio regolamentato dell'Unione Europea e la maggiore libertà di mercato negli Stati Uniti, possono ostacolare la cooperazione. Stabilire forum internazionali dove decisori politici possano dialogare e trovare compromessi è cruciale per bilanciare innovazione e responsabilità.

Un'altra sfida è evitare che le collaborazioni siano monopolizzate da pochi attori dominanti, spesso grandi aziende tecnologiche, rischiando di escludere organizzazioni più piccole o con minori risorse. Garantire trasparenza nei processi decisionali e coinvolgere una varietà di stakeholder è essenziale per assicurare una distribuzione equa dei benefici derivanti dall'IA.

Le collaborazioni devono anche includere le comunità locali e gli utenti finali. Progetti come AI Commons, che utilizza l'IA per affrontare questioni globali come la sostenibilità e la povertà, dimostrano che le soluzioni co-create con le comunità risultano spesso più efficaci e durature rispetto a quelle imposte dall'esterno.

Queste esperienze mostrano che le partnership non si limitano alla condivisione di risorse, ma rappresentano un'opportunità per costruire fiducia, integrare competenze diverse e garantire uno sviluppo responsabile dell'IA generativa. In un contesto globale sempre più interconnesso, collaborazioni ben strutturate sono la chiave per trasformare il potenziale dell'IA in una realtà capace di apportare benefici concreti a tutti.

Bilanciare progresso e responsabilità etica

Nel panorama contemporaneo dell'intelligenza artificiale generativa, le opportunità di innovazione sono straordinarie, ma si accompagnano a sfide etiche di grande complessità. Mentre il Capitolo 6 ha esaminato i dilemmi etici e il Capitolo 5 ha analizzato l'impatto sul mondo del lavoro, diventa essenziale comprendere come armonizzare l'avanzamento tecnologico con la responsabilità sociale. Molti paesi e organizzazioni si stanno impegnando per raggiungere questo equilibrio attraverso regolamentazioni e iniziative volte a favorire uno sviluppo etico e sostenibile della tecnologia.

L'Unione Europea si distingue per il suo ruolo guida nella regolamentazione dell'intelligenza artificiale. Nel dicembre 2023, il Parlamento europeo e il Consiglio hanno adottato la Legge sull'IA, entrata in vigore nell'agosto 2024. Questo regolamento ha l'obiettivo di promuovere un uso responsabile dell'IA nell'UE, affrontando rischi per la salute, la sicurezza e i diritti fondamentali. Stabilisce norme chiare per sviluppatori e operatori, riducendo al contempo gli oneri amministrativi per le imprese, mantenendo un equilibrio tra innovazione e tutela dei cittadini.

A livello globale, l'UNESCO ha introdotto nel novembre 2021 la Raccomandazione sull'etica dell'IA, il primo quadro normativo internazionale di questo tipo. Questo documento fornisce linee guida per garantire che l'IA sia sviluppata in modo trasparente, responsabile ed equo, esortando gli Stati membri ad applicare le norme e a monitorare i progressi. Queste misure sottolineano l'importanza di un approccio globale e coordinato per affrontare le sfide etiche.

In Cina, il governo ha implementato il Deep Synthesis Regulation, che disciplina le tecnologie in grado di produrre contenuti sintetici, come i "deepfake". Questa normativa impone l'etichettatura dei contenuti generati dall'IA e misure per prevenire la diffusione di informazioni vietate, rafforzando la protezione della privacy e garantendo maggiore responsabilità nell'uso di queste tecnologie.

Negli Stati Uniti, nonostante l'assenza di una legislazione federale specifica sull'IA, varie agenzie governative, come la Federal Trade Commission, hanno emesso linee guida per promuovere un uso etico della tecnologia. Queste direttive mirano a garantire trasparenza, correttezza e a prevenire pratiche discriminatorie o ingannevoli, delineando un quadro etico per l'impiego dell'IA.

Le aziende stanno anche assumendo un ruolo chiave. Microsoft, ad esempio, ha sviluppato il Responsible AI Standard, un framework che integra principi fondamentali come equità, affidabilità, inclusività e trasparenza per assicurare che i sistemi di IA rispettino i diritti umani e rafforzino la fiducia degli utenti. Questi standard rappresentano una guida per l'implementazione di tecnologie IA responsabili.

Nonostante i progressi, la strada per un equilibrio tra innovazione e responsabilità rimane complessa. L'uso del riconoscimento facciale, ad esempio, ha generato dibattiti sulla privacy e sul rischio di sorveglianza di massa. Alcune città statunitensi, come San Francisco, hanno vietato l'utilizzo di questa tecnologia da parte delle forze dell'ordine, evidenziando la necessità di regolamentazioni che tutelino i diritti individuali senza soffocare il progresso.

Anche l'impiego dell'IA nei processi decisionali automatizzati, come l'assunzione di personale o la concessione di prestiti, solleva questioni etiche. Senza adeguati controlli, tali sistemi rischiano di perpetuare pregiudizi esistenti, con conseguenze discriminatorie. Per affrontare queste problematiche, alcune aziende hanno introdotto audit etici per verificare l'equità e la trasparenza delle loro tecnologie, offrendo un modello di gestione responsabile.

Bilanciare il progresso tecnologico con l'etica nell'IA generativa richiede un approccio integrato che coinvolga governi, aziende e società civile. Attraverso regolamentazioni adeguate, linee guida chiare e collaborazioni efficaci, è possibile promuovere un'innovazione che rispetti i valori umani fondamentali, garantendo che l'IA generativa contribuisca a un futuro equo, sostenibile e inclusivo.

La visione del futuro con l'IA generativa

Immagina un mondo in cui l'Intelligenza Artificiale generativa non solo potenzia le capacità umane, ma lo fa rispettando principi di etica, trasparenza e inclusività. Questo è il fulcro dell'innovazione responsabile: unire il progresso tecnologico a valori che favoriscano il bene collettivo. Mentre il Capitolo 6 ha affrontato le questioni etiche legate all'IA e il Capitolo 7 si è concentrato sull'inclusione tecnologica, qui esploriamo framework strutturati che guidano uno sviluppo sostenibile e responsabile.

Un esempio rilevante è il Responsible AI Standard di Microsoft, che stabilisce sei principi fondamentali per lo sviluppo e l'implementazione dell'IA: equità, affidabilità e sicurezza, protezione della privacy, inclusività, trasparenza e responsabilità. Questi principi mirano a garantire che i sistemi di IA siano concepiti e utilizzati in modo da rispettare i diritti umani e costruire fiducia tra gli utenti.

L'equità assicura che i sistemi di IA evitino bias e discriminazioni, garantendo risultati giusti per tutti. Microsoft ha sviluppato strumenti per identificare e ridurre i bias nei modelli, favorendo decisioni più bilanciate. L'affidabilità richiede che l'IA operi in modo sicuro e prevedibile, evitando comportamenti dannosi o imprevedibili. Questo comporta test rigorosi e un monitoraggio costante per mantenere prestazioni consistenti.

La privacy e la sicurezza sono essenziali per proteggere i dati personali degli utenti, garantendo una gestione conforme alle normative. Microsoft applica misure avanzate per tutelare le informazioni sensibili, salvaguardando la fiducia degli utenti. L'inclusività si concentra sul rendere l'IA accessibile a una vasta gamma di persone, comprese quelle con esigenze specifiche. Ad esempio, tecnologie di riconoscimento vocale capaci di gestire accenti diversi o lingue meno comuni dimostrano come l'accessibilità sia integrata nei progetti.

La trasparenza consente agli utenti di comprendere come e perché l'IA prende determinate decisioni. Microsoft offre strumenti e documentazioni dettagliate che spiegano il funzionamento dei suoi modelli, aumentando la comprensione e il controllo. La responsabilità stabilisce che sviluppatori e organizzazioni rispondano delle loro tecnologie, con meccanismi di supervisione che garantiscano standard etici elevati.

Oltre a Microsoft, anche altre istituzioni hanno definito linee guida simili. L'Unione Europea, ad esempio, ha introdotto un Codice di Condotta per l'IA, volto a promuovere standard comuni tra industria e società civile, creando regole condivise per lo sviluppo etico di queste tecnologie.

Per implementare l'IA generativa in modo sostenibile, le organizzazioni possono ispirarsi a tali principi, affrontando i rischi attraverso strategie mirate per mitigarne gli effetti negativi. Coinvolgere gli stakeholder è essenziale per assicurarsi che l'IA soddisfi le reali esigenze della società, includendo prospettive di utenti, esperti etici e autorità regolatrici. La formazione continua, inoltre, aiuta sviluppatori e utilizzatori a comprendere i principi etici e a integrare le migliori pratiche nei loro flussi di lavoro. Un monitoraggio costante consente di valutare le prestazioni dell'IA e implementare miglioramenti basati su feedback regolari, mentre una comunicazione trasparente informa chiaramente gli utenti su come le tecnologie vengono utilizzate e quali dati vengono raccolti, rafforzando la fiducia.

Seguendo questi principi e strategie, le organizzazioni possono sviluppare l'IA generativa non solo per innovare, ma anche per rispettare valori etici e promuovere un progresso equilibrato, sostenendo la società nel suo complesso.

Capitolo Conclusivo

L'Eredità dell'IA generativa – oltre l'immaginazione

Il viaggio attraverso l'intelligenza artificiale generativa ci ha condotti in un territorio in cui l'ingegno umano si fonde con la potenza delle macchine, trasformando ciò che sembrava impossibile in realtà concreta. Non si tratta semplicemente di una tecnologia, ma di una forza che sta ridefinendo il nostro rapporto con il lavoro, la creatività e la conoscenza, spingendoci a riflettere sulle implicazioni più profonde del progresso. Questo libro non è solo una narrazione tecnologica, ma un dialogo sulla nostra identità in un mondo in cui algoritmi e dati non sono più strumenti neutri, ma veri e propri co-creatori del futuro.

Attraverso i capitoli precedenti, abbiamo esplorato come l'IA generativa stia ridefinendo il nostro modo di esprimerci, innovare e collaborare. Abbiamo osservato come sia in grado di democratizzare la creatività, aprendo nuove possibilità a coloro che, in passato, erano esclusi per mancanza di mezzi o competenze tecniche. È un fenomeno che sta rimodellando il panorama economico e sociale, offrendo opportunità straordinarie ma anche nuove sfide. Dalla produzione di contenuti personalizzati alla rivoluzione del design e della scienza, ogni applicazione dell'IA solleva interrogativi fondamentali su ciò che consideriamo umano.

Questo intreccio tra innovazione e responsabilità non è solo un tema, ma il vero cuore di questo libro. Ogni progresso tecnologico porta con sé la necessità di un confronto sulle sue implicazioni. L'IA generativa non è un'eccezione: il suo potenziale di amplificare l'immaginazione umana è bilanciato dai rischi di perpetuare disuguaglianze o di introdurre nuove forme di esclusione. I dilemmi etici, le sfide normative e le incertezze sul suo impatto a lungo termine sono il prezzo da pagare per navigare in un territorio inesplorato. Ma è proprio in questo dialogo tra possibilità e responsabilità che risiede la nostra più grande opportunità.

Guardando al futuro, ci troviamo di fronte a un bivio. Da un lato, un'IA generativa concepita come mero strumento di efficienza, capace di accelerare i processi creativi ma priva di un'impronta etica. Dall'altro, una visione più ampia, in cui questa tecnologia diventa il motore di un progresso condiviso, capace di affrontare sfide globali come il cambiamento climatico, l'educazione inclusiva e la giustizia sociale. Pensiamo a un mondo in cui l'IA aiuti a preservare lingue e tradizioni culturali a rischio di estinzione, dia voce a comunità marginalizzate e renda accessibile l'innovazione a chiunque, indipendentemente da barriere geografiche o economiche.

Questa visione, però, richiede impegno collettivo. Non basta innovare: dobbiamo chiederci come e per chi stiamo innovando. Il percorso verso un'IA generativa etica e sostenibile non può essere lasciato al caso o alle sole forze del mercato. Richiede un'azione concertata da parte di governi, aziende, ricercatori e cittadini, che insieme plasmino le regole e i principi di un progresso che metta l'essere umano al centro. È una chiamata a immaginare un futuro in cui la tecnologia non sia fine a sé stessa, ma uno strumento per migliorare la vita di tutti.

Questo libro si chiude con una riflessione che è anche un invito. L'IA generativa non è una storia già scritta, ma una tela aperta che tutti noi contribuiamo a dipingere. Ogni scelta che facciamo come innovatori, educatori, professionisti o semplici cittadini contribuisce a definire i contorni di questa trasformazione. Il valore dell'IA non risiede esclusivamente nella sua capacità di calcolo, ma nelle intenzioni e nelle visioni di chi la utilizza. È qui che risiede il vero potere di questa tecnologia: non nel sostituire la creatività umana, ma nel potenziarla, nel renderla più accessibile e nel darle una nuova profondità.

Mentre ci prepariamo a proseguire in questo viaggio, il messaggio che questo libro vuole lasciare è semplice ma fondamentale: il futuro non è una destinazione inevitabile, ma una scelta collettiva. Possiamo scegliere di usare l'IA generativa per costruire un domani più inclusivo, equo e creativo, in cui il progresso tecnologico non sia in contrasto con i valori umani, ma un loro naturale alleato. Questo non è solo un invito a esplorare, ma una chiamata all'azione, per fare del nostro rapporto con l'intelligenza artificiale un esempio di ciò che di meglio possiamo realizzare come società.

Il viaggio verso questa nuova frontiera è appena iniziato. Non lasciamoci guidare solo dalla tecnologia: mettiamo la nostra umanità al timone. Sta a noi decidere il prossimo passo e, soprattutto, la direzione in cui vogliamo andare.

Se questo libro ti ha ispirato o offerto nuove prospettive, condividere la tua opinione potrebbe fare la differenza per altri lettori. Una breve recensione su Amazon non è solo un gesto di apprezzamento, ma un modo per aiutare altre persone a scoprire e trarre valore da queste pagine.

Grazie di cuore per il tuo supporto e per aver dedicato il tuo tempo a leggere questa opera.

Bjorn Kristian Marklund

Se hai trovato valore in questo libro, ti invito a scoprire anche il mio precedente lavoro, **"Smart working e produttività: intelligenza artificiale e machine learning per ottimizzare il lavoro da casa"**, dove esploro come l'intelligenza artificiale stia trasformando lo smartworking. Dall'ottimizzazione della produttività personale all'efficienza delle collaborazioni a distanza, questo libro offre strategie e strumenti concreti per affrontare le sfide del lavoro del futuro. È disponibile su Amazon in formato Kindle al link:

https://www.amazon.it/dp/B0DLNQHM6F

e cartaceo al link:

https://www.amazon.it/dp/B0DM285V2S

www.ingramcontent.com/pod-product-compliance
Lightning Source LLC
LaVergne TN
LVHW052304060326
832902LV00021B/3691